〈世界史〉の哲学　イスラーム篇

大澤真幸

講談社

〈世界史〉の哲学　イスラーム篇

装幀　浅葉　球

まえがき

イスラーム教の出現ほど、歴史における理念の力を深く印象づけるできごとはほかにない。七世紀にイスラーム教が登場する前には、中東地域は、世界中の至るところで見られるタイプの、普通の部族社会だった。ところが、イスラーム教がすべてを変えた。イスラーム教は、この地に強力な大帝国をもたらし、それが、政治・経済、そして文化といったあらゆる側面において、世界史の歩みに激甚な影響を与えたからである。

イエス・キリストの磔刑《たっけい》死の意義とその歴史的反響の考察から始めた「〈世界史〉の哲学」の探究（『古代篇』『中世篇』）は、前著（『東洋篇』）で、大きく迂回路を通り、中国文明とインド文明を主題とした。中国文明とインド文明は、まったく異質なものに見えるが、両者を同じ一冊にまとめたのは、仏教の伝播経路を「リトマス試験紙」のように活用することで浮かび上がらせることができる「一神教の壁」の外側を、統一的な論理の中におさめ、論じておきたかったからである。本書で、探究は再び、一神教の壁の内側に入っていく。つまり、イスラーム教がもたらした社会と文明の本性を探ること、これが本書の目的である。

代表的な一神教には、ユダヤ教、キリスト教、そしてイスラーム教がある。まずユダヤ教が生まれ、そこからキリスト教が派生し、その後にイスラーム教が誕生した。系譜関係で見れば、キリスト教とイスラーム教は、ユダヤ教を父にもつ兄弟のようなものである。

だが、現在までの世界史を振り返ると、同じ一神教文明でも、キリスト教圏とイスラーム教圏では、ずいぶんと違った経路を歩んできた。「同一起源の一神教だから似たような運命をたどった」とは、とうてい言いがたいものがある。

経済の面でも、あるいは文化の面でも、まず繁栄し、先進的だったのはイスラーム教圏である。のみならず、西洋のキリスト教圏が後に、たとえば科学革命等を経験したりして、グローバルな政治や経済や文化の中で「覇権」をもつことができたのは、イスラーム教圏のおかげだった、と言ってもよいくらいだ。西洋は、イスラーム教圏からの、諸学の（逆）輸入によって、中世から近世にかけての知の大転換を実現することができたからである。ある時期までは、聖書の研究すら、イスラーム教圏の方がキリスト教圏より進んでいたくらいである（ヨーロッパでは、ラテン語訳で聖書が読まれていたため、ギリシア語を読める知識人が非常に少なかったのだ）。西洋は、イスラームという文明の中心に対して、辺境のような位置にあった、と言ってよいだろう。

*

ところが、現在は、社会のあらゆる領域において、キリスト教に源泉をもつ文明が、つまり西洋の方が優位に立っている。イスラーム教は魅力的な宗教であり、その証拠に、現在の信者の数は、――キリスト教徒の総計よりは少ないが――カトリックの信者数よりも多く、十五億を超える。しかし、それでも、現代社会における、西洋の基本的な優位は、否定しがたい。どうしてこのようなことになったのだろうか。

ユダヤ‐キリスト教とイスラーム教とを比較したときには、まずは、次のような印象をもつはずだ。厳密な一神教である以上、当然のことだが、イスラーム教の観点からすれば、ユダヤ‐キリスト教徒がヤハウェと呼ぶ神と、イスラーム教の神《アッラー》は、同じ神である（ただし、イスラーム教は、イエスが「神の子」であるとは認めない。イスラーム教徒から見れば、イエスは預言者の一人、しかも最大にして最後の預言者ムハンマドよりは格下の預言者である）。一方に、ユダヤ‐キリスト教徒の神がいて、他方に、イスラーム教徒の神がいる、というわけではない。神は唯一なのだから、両者は同一でなくてはならない。しかし、アッラーはヤハウェと「同一人物」のはずなのに、ずいぶん性格が違う。「二重人格か」と疑いたくなるほど、両者の性格は異なっている。簡単に言えば、アッラーは、ヤハウェよりも、はるかに「いい人」である。

ヤハウェは激しやすく、嫉妬深く、気まぐれで、暴力的だ。もしあなたの親友がヤハウェのような人と付き合っていたら、あなたは、「そんなＤＶ男とは別れた方がよい」とアドバイスするだろう。それに対して、アッラーは、温和な善人である。親友がアッラーのような人と結婚したら、あなたは「彼女はいい人と結ばれた」と喜ぶだろう。

ユダヤ‐キリスト教の神の性格とイスラーム教の神の性格は、ほとんど対照的だ。なぜこのような違いがあるのか。この違いは、歴史にどのような影響を残したのか。

＊

イスラーム教の歴史を振り返ると、いくつものふしぎにぶつかる。たとえば、資本主義は、どうして、逸早《いちはや》く、イスラーム教のもとで発達しなかったのか。社会学者マックス・ヴェーバーは、西洋で資本主義が誕生したのはどうしてなのかを問い、その答えを、キリスト教（プロテスタンティズム）の生活様式に求めた。だが、どのような角度から見ても、イスラーム教の方が、資本主義の発展に好都合だったように思える。もし（ある種の）キリスト教が資本主義の誕生や成長にとって有利だったのだとすれば、イスラーム教はもっと有利でなくてはならないように見えるのだ。

先にも述べたように、もともとイスラーム教圏の方がはるかに先進的で、都市文明や商業の点でも、西洋よりもずっと発達していた。そこは、「あと一歩で資本主義」というところまで来ていたように見える。イスラーム教は利子を禁じていたために、資本主義が発達しなかったという俗説は、完全に間違っている。キリスト教も利子を厳しく禁じていたのに――イスラーム教よりももっと厳しく利子を罪悪視していたのに――、そのもとで資本主義が生まれ、大成長したではないか。実は、「利子の禁止」の規定を形式的には遵守して、実質的に利子を得る金融技術は、いくらでもある。

ムハンマド自身が商人だったこともあり、イスラーム法は、商人の道徳や精神と適合性が高い。商人にとっての公正性の感覚とイスラーム法の正義や善とはよく合致するのだ。また、コーランの中には、信仰を「神への投資」に喩える一節さえある。このように見てくると、イスラーム教ほど資本主義に親和的な宗教はないように思える。それなのに、資本主義は、イスラーム教圏では産まれなかったし、現在でも、イスラーム系の諸国は、資本主義に不器用にしか適応していない。どうして、こうなったのか。

オスマン・トルコをはじめとする、いくつものイスラーム帝国は、実に奇妙な方法で、軍人や官僚を集めた。異教徒（キリスト教徒）のコミュニティから、将来有望そうな少年を拉致してきて、彼らを、軍人や官僚として養成したのだ。彼らは「奴隷」ということになるのだが、しかし、有能であれば、軍人や官僚としていくらでも出世することができた。中には、宰相（首相）になった者もいる。いや、それどころか、ついに奴隷軍人が帝国の王（スルタン）にまで上り詰めた例さえあるのだ。

イスラーム帝国は、どうして、こんな変な方法で軍人・官僚を集めたのか。軍人と官僚と言えば、帝国の安全や統治にとって最も重要な要素ではないか。軍人・官僚を信用できなければ、帝国の最小限の安定さえも保つことができない。そんな重要なポジションを、自分たちの中から調達した人材によって埋めず、異教徒から強制的にかき集めてきた者に委ねたのは、どうしてなのか。このような方法が採用されたのは、イスラーム教圏のみである。どうして、イスラーム教のもとでのみ、こんな方法が可能だったのか。

イスラーム教に関連するふしぎをもう一つだけここで挙げておこう。ほぼ純粋状態で残存している部族主義的倫理《エートス》がそれである。冒頭に述べたように、イスラーム教が登場する前の中東は、典型的な部族社会であった。イスラーム教の波及が、状況を一変させたわけだが、そうだとすると、われわれは次のように考えたくなる。イスラーム教以前の部族社会的なものは、一掃されたのだろう、と。ところが、実態はまったくこれとは違う。中東では今日に至るまで、部族主義的な態度や精神が大きく損なわれることなく生き延びている。

イスラーム教の劇的な影響という事実と部族主義的なものの残存という事実は、まことに折り合いが悪い。部族主義的な倫理が、イスラーム教的な観点から善きものとして評価されるのならば、分からなくはない。しかし、両者は真っ向から対立している。「イスラーム」とは、「徹底した服従」「絶対無条件の自己委託」（もちろん神への）という意味である。これに対して、部族社会において価値あるとされる態度は、「英雄的な威厳」や「不羈《ふき》独立」だ。「イスラーム」は、部族の論理からは最も恥ずべきことであり、部族主義的な英雄は、イスラーム的には最悪である。

これほど対立的な価値観が、中東地域では、長く共存してきた。しばしば、同じ人物が、部族主義的な観点から尊敬されつつ、同時に善きイスラーム教徒でもあったのだ。どうしてこんなことが可能だったのか。

イスラーム教の歴史には、ほかにもいくつもふしぎなことがある。本書で、われわれは、こうした謎を一つひとつ抉り出し、それらに答えていくことになる。

＊

本書を読むにあたって、イスラーム教等のいかなる専門的な知識も要らない。理解に必要なことは、すべて本書の中で提供され、説明される。また、本書に先立って出された『〈世界史〉の哲学』の諸篇（古代篇・中世篇・東洋篇）を読んでおかなくては本書が理解できない、というわけではない。他の諸篇の場合と同様に、本書も、それ自体で独立して読むことができる。

日本人は、あまりにもイスラーム教を知らない。私はかつて、「キリスト教について知らない程度」の順位を付けたら、日本人はトップになるだろう、と書いたことがあるが（『ふしぎなキリスト教』講談社現代新書）、日本人は、イスラーム教についてはもっと知らない。たいていの日本人は、仮にクリスチャンでなかったとしても、キリスト教については、若干のイメージをもっている。しかし、ほとんどの日本人は、イスラーム教について、どんなイメージもどんなアイデアももってはいない。

この無知は、しかし、ちょっとした無知、あまりに細かかったり専門的に過ぎるために知らないという類の無知とは違う。現在の地球の人口の、五人に一人くらいは、イスラーム教徒である。これほどたくさんイスラーム教徒がいるのに、重要な国際ニュースの半分近くがイスラームに関係しているというのに、さらにイスラーム教の普及地域と盛んに商取引をしているというのに、イスラーム教についてまったく何もイメージができないのだとすれば、この知識の欠落は、高くつくだろう。たとえば、イスラーム原理主義について、「それは本来のイスラームの教義とは関係がない」などと言われたりするわけだが、そもそも「本来のイスラームの教義」が何であるかを知る日本人はほとんどいない。となれば、日本人は、イスラーム原理主義にからむニュースを、ほんとうはまったく理解していない、ということになる。

私としては、本書を、イスラーム教とは何かということについて何も知らない人にも読んでもらいたい、と思っている。

私は、イスラーム教の専門研究者でもなければ、中東についての地域研究者でもない。そうした専門家たちも、イスラーム教についての一般向けの良書を出している。しかし、そうした書物と本書では、性格がかなり異なっている。

専門家の書物には、ときに、まさに専門家であるがゆえの盲点が宿る。「それ」についてあまりに多くを知り、あまりに慣れてしまったとき、人は「それ」のもつ驚異や奇妙さに対して不感症になってしまう場合があるのだ。すべての専門家がそのような不感症になるわけではないが、それを避けるには、かなりの知性と感性を必要とする。

私の場合は、外部から、専門の外部から問うている。専門家がしばしば不問に付している疑問、専門家が意識さえしないような疑問も、外部から虚心に見たときには浮上してくる。この「まえがき」の中で例示したいくつかのふしぎもまた、専門家によって問われることはほとんどない。たいていの日本人のように、イスラーム教について何のアイデアもない人にとっては、内側からの解説だけではなく、外部からの問いが必要ではないか。私としては、このような思いもあって、本書を世に送り出している。

＊

『群像』誌上で「〈世界史〉の哲学」を連載し始めてから六年が過ぎた。この連載企画を一緒に立ち上げ、担当してくださった三枝亮介さんは、二年前に講談社を退き、友人とともに株式会社「コルク」を立ち上げ、作家たちのエージェントとして活躍されている。三枝さんがときどきメールで書き送ってくださる「今回の感想」は、書いている私自身が気づいていなかったこの評論のアスペクトを発見させてくれるとともに、彼が現在でも私の伴走者であることを私に告げ知らせ、私を励ましている。

本書掲載分を『群像』編集部で担当したのは、加藤玲衣亜さんと原田博志さんである。お二人とも、私がほとんど毎回、ギリギリの段階で原稿を提出しているにもかかわらず、きちんと読んで、適確なコメントをくださる。編集者の敏感な応答なくして、長い連載を続けることは不可能だ。

単行本に仕上げるにあたっては、原田さんと松岡智美さんが編集を担当してくださった。お二人は、『古代篇』『中世篇』を担当した須藤寿恵さんの良質な仕事をよく引き継いでくださった。

このように挙げてみると、『群像』編集部だけでも、実に多くの方々の協力と支援があって、本書が出来上がっていたことをあらためて自覚する。ほかにも、校閲者をはじめ、私が名前を存じ上げていない多くの方々にも本書は支えられている。これらすべての方々に、お礼申しあげたい。

二〇一五年二月

大澤真幸

目次

第1章　贖罪の論理

1　西洋の優位と大分岐

世界史には圧倒的な不均衡がある。誰の眼から見ても明らかな不均衡が、である。世界史の中に登場してくるいくつもの文明圏は、相互に対等に影響しあってきたわけではない。ある時期から現在までの期間をとると、「西洋」の優位は否定し難い。この優位は、いったいどこから来たのか。われわれは、このように問いを立てた（『東洋篇』第1章）。

たとえば、ジャレド・ダイアモンド――あまりにも広い研究関心のためにもはや何学者とも定義できないこの学者――のパプアニューギニアの友人、ヤリという名前の政治家も、率直に、次のような疑問を発している。「あなたがた白人は、たくさんのものを発達させてニューギニアに持ち込んだが、どうして逆はほとんどないのか」と。この「ニューギニア」の位置に、西洋以外のどこの地域や国家を代入しても、同じ疑問が成り立つ。エチオピアだろうが、インドだろうが、そして日本だろうが……。

西洋の優位という問題に関して、二つほど、注意点を付け加えておこう。たいてい、この「優位」は、貿易黒字のようなものとしてイメージされる。物であれ、技術であれ、学問やアイデアであれ、制度であれ、西洋から他の地域や文明へという伝播や影響はたくさんあるが、逆方向の伝播や影響は、ごく少ない、と。だから、非西洋に属する者は、悔しくなって、西洋の優位に抗議したいときには、非西洋から西洋への「輸出」も（少しは）ある、と指摘したりする。日本の浮世絵が印象派の画家たちを刺激したとか、日本のマンガやアニメが世界中で売れているとか、柔道が世界各地に普及しているとか、といった事実を確認して、ほんの少しだけ溜飲を下げたりするのだ。

　貿易黒字のイメージに注目することは、この不均衡を検出するための最初の一歩としては、悪くない。ヤリというダイアモンドの友人も、またわれわれ自身も、まずはこのイメージから始めた。しかし、西洋側からの「輸出」が圧倒的に超過してしまうことには、さらに深い原因がある。物であれ、アイデアや情報であれ、どちらからどちらへと影響があったということを比べる以前に、そもそも、それらの価値を評価する視点そのものが、西洋に帰属しているのである。「西洋」という観点から見て「よいもの」が、どのような方向の影響関係をもったかということをわれわれは見ているのだ。たとえば、浮世絵がすごい、と判断するとき、浮世絵は、西洋的な美意識の尺度の中に位置づけたとき前衛性がある、と評価されているのである。[*1] とするならば、疑問の核は、西洋からの「輸出」が多いのはなぜか、ではなく、「輸出入」される物の価値を評価する視点として、西洋的なそれがグローバルなスタンダードとなったのはどうしてなのか、ということである。

　もうひとつ、指摘しておきたいことは、ここで主題化している優位と、経済的な格差との間の、あからさまな相関性である。現代の世界には、裕福な国と貧しい国があり、両者の間には、生活水準と収入や富の巨大な格差がある。たとえばアメリカ合衆国やドイツの生活水準とサハラ以南のアフリカや南アジアの国々の生活水準は、同時代のものとは思えないほどにかけ離れている。もちろん、裕福な国々と西洋とが合致するわけではない。たとえば、日本のように、西洋の一員ではなくても、裕福な国はある。しかし、少なくとも、西洋に分類される国々、つまり西ヨーロッパと北米の国々は、すべて裕福なグループに含まれる。非西洋で、(そこそこ)裕福と見なすことができる国は、そう多くはなく、しかも、そのほとんどがごく最近、つまりこの四分の一世紀程度の間に、裕福なグループに参入してきたばかりである。

経済史の専門家は、ある時期から、突然、経済格差が拡がりはじめた、と論じている。つまり、その「ある時期」に、富める国々のグループと貧しい国々のグループとに運命が分かれたのであり、この分割はときに「大分岐 great divergence」と呼ばれている。[*2] 大分岐の最初の時点から裕福な方に含まれていた地域は、西洋(のみ)である。それゆえ、西洋の優位に基づく世界史の不均衡は、この経済の面での格差も含んでいる。言い換えれば、西洋の優位の原因を問うことは、どうして、この世界では経済的に豊かな国と貧しい国とがくっきりと分かれているのか、という問題を探究することを含んでいる。

*

西洋の優位は、近代へと至る世界史における、最も顕著な現象である。しかし、その割には、その原因を本格的に探究した学者は、多くはない。いや、そのような研究に手を染めた学者はたくさんいるのだが、説得的で、(少なくとも)検討に値する回答を提出した学者は、ほんのわずかしかいない。そのような学者の一人が、冒頭でその名をあげたジャレド・ダイアモンドである。

ダイアモンドが指摘した原因は、自然環境である。彼は言う。とりわけ決定的なのは、大陸の形だった、と。南北に長い大陸よりも東西に長い大陸の方が、文化の伝播にとって有利なのだ。ある地域で発明された何らかの文化要素、たとえば食糧生産の技術は、緯度の差が小さく、気象条件の違いがあまりない東西方向には速く伝播するが、南北方向には、伝わりにくい。南北方向の伝播は、しばしば、途中で停止してしまう。

大陸の形というのは、西洋の優位という顕著な現象の原因にまことにふさわしい、実にメリハリの効いた事実だ。*3 しかし、この説には、重大な限界がある。この仮説によって、ユーラシア大陸がアフリカ大陸やアメリカ大陸よりも有利だったことは説明されるが、同じユーラシア大陸の中でも、東と西とでは、大きく運命が分かれたのはどうしてなのかが説明できないのだ。西欧と中国の間に「格差」が生じたのはどうしてなのか。それは、数万年ものあいだ変化しないような、大きな自然環境的な要因によっては説明できない。この「格差」が目立ってきたのは、せいぜい最近の数百年のことだからである。

そこで、われわれは、まったく別の観点から、ユーラシア大陸の「東」の文明の歴史を駆動させてきた論理は何であったのか、を探究してきた(『東洋篇』)。その際、われわれは、一つの仮説的な方針を立てた。インドと中国とを、統一的な視野のもとに収めるような論理があるはずではないか、と。そのような方針を立てる理由については、『東洋篇』第4章で論じているので、ここでは再論しない。ただ、次のことはあらためて強調しておこう。インドと中国を同じ地平の上で位置づけることができるのは、二つの社会がよく似ているからではない。まったく逆である。繰り返し述べたように、インド社会は、限定的で地方的な権力が多元的に分立し、互いに抗争している状況を、歴史的な定数としてきたが、中国社会にとっては、大規模な権力によって統一された帝国こそが定数である。

このような対照的な二つの社会を一貫して説明するための鍵となる要因は、交換様式としての「贈与」である。氏族のような血縁的共同体が自らを外部に開き、互いに関係しあう様式として、「女」をはじめとする貴重なモノの贈与がある。全体社会を貫く観念的な贈与の線（食物連鎖に喩《たと》えられる線）を想定しつつ、贈与によって共同体が互いに関係しあうことを極力制限しようとしたときに導かれる社会構造が、インドのカースト社会である。カーストの間は、通婚の禁止や浄／不浄の観念によって、可能な限り隔てられている。逆に、贈与の原理を十分に展開させることで、互酬的な贈与の平面の上位に（つまりメタレベルに）、再分配の中心として機能する高次の第三者の審級を析出するまでに至ったのが、中国の帝国的な社会である。*4 もちろん、高次の第三者の審級の位置に入るのが、皇帝の身体である。

要するに、贈与の抑制と積極活用によって、インドと中国という二種類の社会を区別することができるのだ。これと西洋社会とを対比したときに、何が見えてくるだろうか？　東と西との不均衡を説明する何らかの契機が浮上してくるだろうか？

2　贈与の原理の（自己）否定

西洋のアイデンティティの最も重要な核は、言うまでもなく、キリスト教である。ユダヤ－キリスト教は、互酬的な贈与に対して、あるいは再分配の構成をとる垂直的な贈与に対して批判的・否定的なスタンスをとっている。われわれは、このことをすでに何度か指摘してきた。まず、この点を確認しておこう。

神との間に互酬的な贈与の関係（贈与とお返し）を築こうとすることは呪術であり、ユダヤ－キリスト教のコンテクストでは、偶像崇拝として批判される。たとえば、「創世記」のカインとアベルの物語を思い起こすとよい。神は、弟のアベルが捧げた羊の子は受け取ったが、兄のカインが捧げた農作物は無視した。つまり、神は、カインの捧げもの（農作物）に対して、「それを受け取ってやる」という最小限のお返しすらしなかったのだ。*5 カインは失望し、アベルに嫉妬した（そしてアベルを殺した）ため神に呪われた。このエピソードのメッセージは、カインは、神からいかなる反対贈与もなかったとしても、満足すべきだった、ということである。別の言い方をすれば、神から何らの応答もお返しもなかったとしても、カインは、神から「すでに与えられている」と感じなくてはならなかったのだ（『東洋篇』第3章参照）。

神を皇帝に置き換えれば、カインが経験したことは、朝貢したのに回賜《かいし》がなかったような状況、朝貢品や税そのものが無視された状況だと見なすことができる。旧約の預言者やイエスは、実際、王権の「再分配の機構」に対しても、批判的である。われわれはかつて、「サムエル記」

に書かれた、預言者の王権批判を引用したことがある（『古代篇』第3章第4節）。預言者は、王が息子たちを徴用して兵士にし、娘たちを徴用して料理女等にすることを、また王が農作物を没収して家臣に分け与えることを批判し、民衆に警告を発している。

あるいは「宮潔《みやきよ》め」と呼ばれているイエスの行動を思い起こしてみるとよい。イエスが神殿の境内に入り、商売人を追い出したり、両替人の机をひっくり返したりして大暴れした事件を、である（『古代篇』第4章第2節）。イエスが神殿を襲撃したのは、神殿が、ユダヤ人たちの富の再分配の中心になっていて、その富によって貴族の権力が維持されていたからである。当時のユダヤ人はすべて神殿税を納めなくてはならず、さらに、これとは別に、収穫物の十分の一を神殿に献納しなくてはならなかった。神殿は、捧げられた肉の一部を食肉として売って、自らの収益としていた。神殿に集まった富の一部は王や貴族にまわり、彼らの権力の基盤となっていたのだ。宮潔めには、このような再分配のメカニズムに対する、イエスの強い敵意が現れている。

再分配の関係は、贈与―反対贈与の関係が、特権的な中心を生み出したときに形成される。その意味では、再分配の要素的な単位は互酬的な贈与である。イエスやユダヤ教は、このような互酬的な贈与に対して――そうした贈与が人を束縛し、ときに権力を生み出す可能性を孕《はら》んでいることに対して――批判的な意識をもっていたことになる。だが、よく見ると、事情はもう少し複雑だ。イエス・キリストの贈与に対する態度には、両義性がある。

たとえば、かつて、われわれは、人里離れたところに退いていたイエスを慕って集まってきた五千人もの群衆を、イエスが、パン五つと魚二匹だけで満腹にし、それでも元の量をはるかに上回るパン屑、十二籠のパン屑が残っていた、という有名なエピソードについて考察したことがある（『東洋篇』第6章第3節）。これは、イエスが神の子であることを示す奇蹟のひとつだと見なされている。おそらく、この出来事は、「最後の晩餐」の予兆である。「パンと魚」が「パンとブドウ酒」に置き換えられ、群衆の位置に十二弟子が入れば、最後の晩餐になる。[*6] してみれば、ここで群衆に分け与えられたパンと魚も、イエスの身体、彼の肉と血であったことになるだろう。

ここでイエスは、贈与する者、徹底的に贈与する者としてふるまっている。自分たちが持っているすべての食物を、群衆に与えているからである。いや、この言い方は正確ではあるまい。イエスは単に所有するすべてを与えたのではなく、所有しているモノ以上を与えているからだ。これは、贈与を超える贈与、過剰な贈与だと言うべきである。このエピソードについては、次のように考えるのが一般的だろう。「持っている以上を与えることなど普通は不可能だ。これは、イエスが神の子だからこそできた奇蹟だ（つまり、信仰を持たない者から見れば、これは神話的な作り話だ）」と。しかし――かつて論じておいたように――、これは、決して不可能なことではない。確かに奇蹟ではあるが、ありえないことではないのだ。イエスがいささかも物惜しみすることなくすべてを与えたことに刺激されて、（他人に奪われないようにと）弁当を密かに隠し持ってきていた人々が、その弁当を取り出し、周囲の人々に与え始めた、としたらどうだろうか。イエスの最初の贈与が、自己触媒反応を思わせる仕方で、群衆の間に次々と贈与を誘発し、結果的に大きな饗宴のようなものになったとしたらどうだろうか。

一般には、最大の贈与は、「持っているすべて」を与えることだ。しかし、ここでイエスは、持っているものを超えて与えている。イエスは、言わば「持っていないもの」までも与えているのだ。[*7] この意味で、イエスの行為には、贈与の否定が、贈与そのものによる贈与の否定が含まれている、と言うことができるだろう。

するとわれわれは、次のようなきれいな構図を得ることができるように思える。インドと中国は、それぞれ、贈与の抑制的な活用と積極的な活用によって成り立つ社会システムであった。これに対して、キリスト教は、贈与そのものの超克、しかも贈与の過剰な活用による贈与の超克に基づいている。東（インド・中国）と西（キリスト教）との間に、このような鮮やかな対照を見ることができるのではないか。前者が贈与の肯定に、後者が贈与の（自己）否定に立脚しているのではないか。

＊

だが、このような明快な構図を描こうとする試みを決定的に躓《つまず》かせる事実がある。しかも、それは、キリスト教という宗教のど真ん中にあるのだ。それは、キリストの死によって、人類の罪が贖《あがな》われた、とする教義である。新約聖書にはこう書かれている。「神は、その独り子をお与えになったほどに、世を愛された。独り子を信じる者が一人も滅びないで、永遠の命を得るためである」（「ヨハネによる福音書」三章一六節）。キリスト教信仰の根幹に、この教義がある。これを信じなければ、キリスト教信仰をもっていることにはならない。

この教義は次のような理解を強いるように思える。人間には罪があり、それは一種の負債のようなものに喩えられる。キリストの犠牲が、この負債を帳消しにし、人間の罪を贖っている。この贖罪の論理は、明確に互酬的な贈与の原理に基づいていると見なさざるをえまい。とするならば、「東」は互酬的な贈与の消極的・積極的な肯定に基づいており、「西」のキリスト教は贈与の原理の（自己）否定に立脚している、とするきわめて明快な図式は、棄てなくてはならない、ということになる。キリスト教は、最も大事な部分で、互酬的な贈与に頼っていることになるからだ。

しかし、簡単に、そのように結論するわけにはいかない。考えてみると、贖罪の論理とは何なのか、よく分からないからである。どうして、キリストが死ぬと、人類の罪が赦されたことになるのだろうか。結論は、贖罪がどのような論理によって成り立つのかを明らかにしてからでなくては、出すことができない。キリストによる贖罪が、クリスチャンによってどのように理解されてきたのか、次節で整理してみよう。*8

3　さまざまな贖罪論

十字架の上でのキリストの死は、供犠《くぎ》のように見える。供犠とは、超越的な他者への垂直的な贈与である。キリストは、生贄《いけにえ》の子羊のように神に捧げられている。キリストの磔刑《たっけい》死を究極の供犠と解釈した場合には、これは、「創世記」に記された、アブラハムによる「イサクの奉献」を連想させる。アブラハムが愛息のイサクを犠牲にしなくてはならなかったのと同じように、今度は、神がその独り子を犠牲にしなくてはならなかったのだ、と。実際、イサク奉献は、キリストの磔刑の「予型」であろう。つまり、それは新約の出来事を予言的に暗示する旧約のエピソードの一つと見なしうる。

しかし、たとえそうであったとしても、イサク奉献の図式によって、キリストの死の意味を解釈し尽くすことはできない。つまり、キリストの死を供犠のひとつのタイプと解釈することはできないのだ。アブラハムは神にイサクを捧げているのだが、神は、一体、誰に独り子を捧げているのか。このように問いを立てれば明らかなように、キリストの死を供犠と見なしたときには、神は全能ではなく、神よりも偉大な者がいる、ということになってしまう。

「供犠」という解釈は、キリストの死を、「ギリシア悲劇」のような悲劇と見なすことを含意している。悲劇は、主人公が、自分ではどうすることもできない「運命」に服従し、その服従自体を自ら引き受けることで成り立つ。ここで運命は、超越的な原理であって、神のごときものである。運命が自分に割り当てた役割を引き受けることは、敗北していく主人公に威厳を、つまり超越的な他者（運命）からの承認に由来する威厳を与える。だから、われわれは悲劇を見ることで、ある快楽を得るのである。だが、全能の神が運命に翻弄され、結局は、自分の最も大切なものを運命のために捧げなくてはならなくなる、という筋は、まったく不合理だ。[*9]「供犠」の図式は、キリストの死の解釈、キリストの贖罪の論理を説明するのには不適切である。

それならば、贖罪の論理をどのように理解すればよいのか。この論理が人を当惑させるのは、どうして神は、直接、人間を赦してくれなかったのか、その理由がわからないからである。神は全能であり、どちらにせよ、罪深い人間を赦したのだ。ならば、イエス・キリストにめんどうなことをさせずとも、とりわけあれほどすさまじい仕方で殺さずとも、神は人間を赦してやればよいではないか。神が「赦す」とひとこと言えば、それでよかったのだ。

それにしても、ほんとうに、神が赦すにあたって、キリストの死は必要がなかった、という可能性があるのだろうか。たまたま運が悪くて、キリストはあのような仕方で殺されたが、彼が別の人生を歩んでいたとしても、たとえば、ブッダとなったシッダルタのように、弟子たちと過ごしながら、八十歳まで生きて、最後に病死していたとしても、神は人間を赦したのだろうか。もちろん、そんなことはありえない。神の赦しには、あのようなキリストの死、あのような特別な死が必要だったはずだ。すべてのことが、そのような方向を暗示している。たとえば、イエスは、どうしてガリラヤ辺りに留まらず、わざわざエルサレムに入り、またそこから脱出しなかったのか。彼は自分が死ぬことに、決して譲れない価値を認めていたからに違いあるまい。イエスが十字架の上で殺されなかったならば、せいぜい洗礼者ヨハネの域に留まっていたに違いなく、キリスト教という新しい宗教も生まれなかっただろう。

＊

とすれば、もう一度、問おう。イエス・キリストが十字架の上で死ぬことによって、人間の罪が贖われたことになるのは、どうしてなのか？

キリストの贖罪についての、広く流通している解釈は、キリストは、神がサタンに支払った身代金だというものである。罪がある状態とは、サタン（妨害者）によって人間が囚われているようなものだ。ちょうどユダヤ人がエジプトで奴隷的な状態にあったときのように。あるいはユダヤ人がバビロンで捕囚にされていたときのように。サタンに人間を解放してもらうためには、神はサタンに身代金を支払わなくてはならない。その身代金がキリストだ。この説明はたいへんに明快である。これによれば、キリストの死による贖罪とは、サタンと神の間の互酬的な贈与である。神からサタンにキリストが、サタンから神に人間が、それぞれ贈られる。

しかし、この解釈には、重大な難点がある。神とサタンの取引という絵柄は、神とサタンが同等な力をもっていることを含意している。サタンは、神にとっても、ままならぬ相手だということになる。つまり、サタンは、神に匹敵するもう一人の神だと見なさざるをえなくなる。もちろん、このような神の唯一性、神の全能性を否定する説明は、贖罪の論理としては不適切だ。

もう一つの解釈は、同害報復の論理によって贖罪を説明する方法である。同害報復とは、儀礼的な贈与交換によって関係しあっている部族の間の、義務化された復讐である。これについては、かつて説明したことがある（『東洋篇』第13章第2節）。ある部族Aのメンバーaが、別の部族Bのメンバーbによって、何らかの害を加えられたとする。たとえば、aがbによって殺されたとする。このとき、部族Aは、部族自体が攻撃されたと解釈して、部族Bのいずれかのメンバーに、同等の害を加えることで復讐しなくてはならない。この復讐は義務である。この場合、Aから攻撃されるBのメンバーは、aに直接に危害を与えた人物bでなくてもよい。ただし、部族Aは、aが受けたのと正確に同じ大きさの害を加えることで復讐しなくてはならない。このケースでは、b′（≠b）は殺されなくてはならない。これが同害報復である。同害報復は、負の儀礼的贈与交換であると解釈することができる。

これとの類比で、キリストによる贖罪を解釈するのだ。二つの部族に対応するのが、神と人間である。人間が神との契約を破り、罪を犯すことは、人間が神に危害を加えることを意味している。だから、神は同害報復の論理に基づいて、人間に復讐する（人間を罰する）のだ。この場合、人間の集団の中の任意の一人が、神からの報復を受ければよい、ということになる。その一人がキリストである。これによって、人間という集団の全体の罪が赦されたことになる。[*10]

これもまた、互酬的な贈与によって、贖罪を説明する議論のひとつである。今度は、神とサタンではなく、人間と神とが交換しあう。この同害報復論のメリットは、キリスト一人が殺されたことによって、人類全体の罪が贖われたことになる理由が納得できる、という点にある。同害報復の原理では、直接の加害者ではなくても、部族の誰かが報復されれば、部族の罪が消えることになっているからである。

同害報復による義務的な復讐は、古代社会や未開社会では、非常に一般的であった。古代のユダヤ人にとっても、この原理はなじみのものだっただろう。このことを思えば、当時の人々が、実際に、同害報復の一種として、キリストの死を理解し、納得していた可能性は高い。

しかし、ここでわれわれが問題にしていることは、キリストの死というとてつもない出来事が当時の人々に受け入れられた、社会心理学的な背景ではない。そうではなく、この出来事を「贖罪」として解釈しうる神学的な論理である。そのような観点で評価した場合には、同害報復論にもいくつもの難点がある。

第一の問題は、この論理では、神は、人間と和解するために、きわめて高額の慰謝料を要求する狭量な人物のようになってしまう、という点にある。考えてみれば、相応の罰を受ければ、赦してもらえるのは、当然のことである。むしろ、「それでも赦さない」ということ自体が、赦されない。たとえば、何かの不法行為を犯したとしても、相応の罰金を払ったり、懲役刑に服したりすれば、その人は、完全に赦されなくてはならない。このキリストのケースでは、人間の側は、「キリスト」という巨額の罰金を支払っている。神の赦しは、したがって、当然のことである。言い換えれば、このような神には、とりたてて立派なところもないし、尊敬すべき点もない。[*11]

第二に、同害報復論には、純粋に論理的な難点がある。キリストは神である。キリストは、人間かもしれないが同時に神である。とすれば、キリストを殺すことは、神にとって、敵方の「部族」の一員に復讐したことになるだろうか。ならないだろう。同害報復の論理に従えば、神が要求するのは、純粋に人間でしかない生贄である。神（の子）を殺しても、同害報復にはならない。

＊

このように、同害報復との類比も、贖罪の説明としては不十分だ。そこで、われわれは、さらに手の込んだ三番目の解釈に進まなくてはならなくなる。まず、神が、自分を裏切った重大な罪に対して、償いを要求している、という前提は、採用される。その上で、同害報復論の論理的難点を解消するために、次のように考えるのだ。神自身が人間になって、本来は人間が償うべき罪を償っているのだ、と。同害報復論に対応させると、復讐を受けるべき人物bの位置に、神が入るのだ。負の互酬的な贈与の構成を強引にでも維持するために、神が一人二役を演じていることになる。神は罰し、かつ罰せられるのである。しかし、こんな不自然な仕方で罪を償うことに関しては、何か理由が必要だ。一般には、人間の罪はあまりにも大きいので、とうてい人間には償いきれないため、神が人間に成り代わって償うのだ、と説明される。[*12]

この説明にも、しかし、いくつもの深刻な難点がある。第一に、これでほんとうに人間の罪が贖われたことになるのだろうか。ある会社が銀行に対して、多額の借金を負っていたとする。あまりにも多額であるため、会社そのものを身売りしても、その借金を返すことはできない。このとき、銀行自身が、（その銀行への）借金を支払ったとしよう。これによって、負債は消えるのだろうか。むしろ、負債額は大きくなっているのではないか。

第二に、より大きな問題は、神の一人芝居にある。この解釈によれば、神は、わざわざ、一大スペクタクルを演じたあとに、人間を赦してやっていることになる。しかし、神からすると、償うのも自分なら、赦すのも自分である。そうであるとすれば、回りくどいことをしなくても、神は、直接に、端的に人間を赦すことができたはずだ。なぜ、神は、そうしなかったのか？

率直に言おう。もしこの通りだとすれば、神の動機は実に不純だ（と推測される）。神は、これ見よがしに派手に立ち回って、人間に感謝されたり、賞賛されたりしたかったのではないか。神の方こそ、人間からの承認を求めていたのではないか。そんなふうに疑ってしまうのだ。

さらに、よく考えてみれば、人間が罪ある状態にあるのも、全能の神がそうしたからである。人間に、遵守しえないほどの厳しい律法を課し、人間を罪へと追い込んだのは、ほかならぬ神ではないか。このことまで勘案すれば、神は、自らの手で人間を苦境に落としたあと、わざと目立つように人間を救出し、人間たちに、神への感謝の気持ちや恩義の感情を引き起こしているのである。このような神を尊敬したり、崇拝したりできるだろうか。もし、こんな人物がいれば、われわれは、激しく怒り、その人物を徹底的に軽蔑するのではないか。

たとえば、「地球人」は、ウルトラマンに感謝している。ウルトラマンが、頻繁に怪獣に苦しめられている地球人を、その度に、助けてくれるからだ。だが、よく調べてみたら、ウルトラマン自身が怪獣をたくさん飼っていて、ときどき地球を襲わせていたのだとしたらどうであろうか。そして、ウルトラマンは、怪獣が地球で十分に暴れ、地球人が万策尽きて困り果てている頃合いを見計らって、地球にやってきて、怪獣を殺しているのだとしたら。それでも、われわれはウルトラマンに感謝すべきだろうか。もちろん、そんなことはない。だが、贖罪の第三の解釈によれば、神がやっていることは、この邪悪なウルトラマンと同じである。[13]

キリストの贖罪を解釈するための三つの論理を検討してきた。第一の解釈では、神は、あまりに無能である(サタンと同等な能力しかもたない)。第二の解釈では、神は、人並みに狭量で、尊敬すべき点がどこにもない凡庸な性格の持ち主である。第三の解釈では、神は異様だが、尊敬どころか、唾棄すべき醜悪な性格の持ち主だ。これらは、贖罪を「互酬的な贈与」という形式の中で解釈しようとしたときに得られる、論理的に可能な三つのパターンである。[14]いずれも満足できない。もし、キリストの死が、人間にとって罪の贖いになっているのだとすれば、それは、互酬的な贈与という枠組みで解釈してはならないのだ。それでは、どう解釈すべきなのか。

4 「私たちが神となるために……」

さて、ここからは私の考えである。キリストの磔刑が人間にとっての贖罪であるということを整合的に説明する唯一の理路は、以下のごとき筋であろう。

ここまで、贖罪を互酬的な贈与の一環として解釈しようとして、失敗してきた。しかし、よく思い起こしてみるならば、キリストの言動はすべて、正義のベースになっている互酬的な均衡の論理を、つまり与えたものと受け取るものの価値は等しくあるべきだ（犯した罪と科せられる罰とは等しくあるべきだ）とする論理をかき乱すことに、そして最終的にはその論理を破綻させることに強く方向づけられていた。まずは、このことを前提として、考え直す必要がある。

たとえば、先に考察した、「パンと魚」の奇蹟を考えてみる。このような奇蹟が生ずるのは、人々が皆、受け取ったもの以上を与えていくからである。つまり、ここでは互酬的な均衡は崩れているのだ。あるいは、「だれかがあなたの右の頬を打つなら、左の頬をも向けなさい」（「マタイによる福音書」五章三九節）という、あまりにも有名な言葉を思ってもよい。この命令は、「目には目を、歯には歯を」という格言に見られる「互酬的な均衡による正義」という論理を、失効させることにねらいを定めている。

キリストは律法を終わらせるために――これをキリストは逆に「律法を成就する」と言うのだが、いずれにせよ事実上律法を終わらせるために――こそやってきた。律法の正義を基礎づけているのは、罪と罰の間にバランスがあるべきだ、貸借は清算されていなければならない等々の、互酬的な均衡性である。律法を終わらせることをねらうキリストが、この互酬の論理の停止を目指すのは、当然のことである。たとえば、ぶどう園の労働者の喩え話のことを考えてみよう。キリストは、神の国を、何人もの日雇い労働者がいるぶどう園に喩えている。このぶどう園の主人（神）は、日が暮れたとき、朝早くから働いていた人にも、遅くから作業に参加した人にも同額の賃金を払った（「マタイによる福音書」二〇章）。労働時間に応じた労賃が与えられるべきだとする公平性の感覚（律法の論理）からすると、主人のやり方は間違っているように見える。しかし、キリストが述べているのは、ぶどう園（神の国）では、互酬的な均衡こそが正義であるとする前提が、すでに失われている、ということなのだ。

キリストは、互酬的な贈与交換にこそ正義の原型があるとする論理を停止させようとしている。この論点を確保した上で、キリストの磔刑を捉えてみよう。ここで、人間が罪によって傷つけた相手（つまり神＝キリスト）が自分で、その罪の代償を払っている。この自己循環の関係は、前節で述べたように、互酬的な贈与に基づく贖罪という論理を前提にしたときには、嘲笑すべきパフォーマンスになってしまうのだが、むしろ、そのような論理を停止することこそが目指されていたとするならば、つまり、そのように前提をシフトさせてみるならば、必然的な帰結であることがわかる。互酬性は、一方に自己があり、他方に他者があって、両者が関係しあうことで成立する。これを停止させるためには、この自己と他者との二項分立を否定し、自己の自己への関係という自己準拠にまで追いつめる必要がある。

そこからさらに進んで、罪と罰の均衡、侵害と復讐の均衡という互酬的な贈与の論理の息の根を止めるにはどうしたらよいか。贈与は、一般に、ＸがＹのために、という形式をとっている。人が贈与し、またそれに対する応答（お返し）を求めるのは、贈与において何かを放棄するところの自己＝Ｘのアイデンティティを、他者＝Ｙからの応答によって確認したいからである。同じことは、Ｙの側にも言える。したがって、互酬的な均衡の論理が完全に破綻するのは、ＸとＹが自分自身のアイデンティティの消滅を、自らすすんで積極的に受け入れたときである。キリストの十字架の上での死とは、まさに、この自己消滅のことではないだろうか。キリストは、まず、自他の間の互酬的な贈与の関係をＸ＝Ｙという自己関係にまで追い込んだ上で、そのＸ＝Ｙであるところの自己自身の消滅を自ら受け入れ、さらに追い求めたのである。

キリストの死によって、罪が贖われたというとき、われわれは、普通は、互酬的な贈与の関係の中で、罪と罰とのバランスがとれ、帳尻があった、と考える。しかし、キリストの死による〈贖罪〉とは、そのような意味ではない。それは、一般の「贖罪」が前提にしていた「均衡による正義」の論理そのものが失効してしまう、ということだったのである。だから、キリストは律法を終わらせた、と見なすことができるのだ。

*

さらに、その先がある。十字架の上で死んだキリストは、神そのもの、普遍的な神そのものである。人々は、神に祈り問いかけ、神と関係しようとしている。つまり、人は、超越的な彼岸に存在している神とコミュニケートしようとしている。神は普遍的な存在だから、このような神とのコミュニケーションにはすべての信者、すべての人間が参加することができる。ところが、キリストは自己消滅を自ら引き受けてしまったのだから、超越的な彼岸には、もはや神はいない。このとき何が起きるのか。

神と関係しようとしていた、信者＝人間たちのコミュニカティヴな志向性は相手を失って、結果的には、それぞれに神へと語りかけていた信者たちの集合性そのものへと回帰するほかない。したがって、論理的には、神であるところのキリストが死んで、消滅したことによって、信者たちが普遍的に参加しうる共同体が実現するはずだ。この共同体は、神＝キリストが死んでできあがった空白を埋めるように実現する。要するに、神の代わりに、信者の共同体が得られるのだ。

もっと端的に、こうしてできあがった共同体は、神そのものの変貌した姿、いわゆる神の実体変容(transubstantiation)の結果である、と言ってよい。この信者の共同体こそが、キリスト教神学の用語で、「聖霊」と呼ばれるものではないだろうか。

四世紀のキリスト教神学者、聖アタナシオスは、「私たちが神となるために、神は人となった」という有名な命題を残している。この命題は、ここまで述べてきた論理の筋の中で解釈することができる。「神が人となった」は聖書に直接に由来する表現である。もちろん、その指示対象は、神にして人であるところのキリストだ。

誤解を生みやすいのは、「私たちが神となる」という部分である。これを、人間が、彼岸的で超越的な神になる、と解釈したら、とんでもない偶像崇拝になってしまう。キリスト教では、仏教徒が修行の末にブッダになるような様式で、人間が、人間を越えた何かになる、ということはありえない。一神教の文脈では、そのような人間の神格化が許されるはずがない。正しく解釈するためには、「神が人となった」をきちんと踏まえることである。「神が人となった」ということは、神にして人であるところのキリストが死ぬということである。神が死んで、彼岸に存在しなくなることで、人間は聖霊の共同性に参与することになる。ところで、聖霊こそは神(実体変容の結果)なのだから、この状態を、人間が神(=聖霊)になった、と表現することもできるのだ。聖アタナシオスの命題は、それゆえ、キリストの磔刑死の含意を切り詰めて定式化したものだと解釈することができるのである。

5　もうひとつの一神教へ

さて、本来の問題に戻ることにしよう。キリスト教の贖罪の論理は、一見、互酬的な贈与に基づいてこそ意味をもつように思える。しかし、ここに見てきたように、〈贖罪〉を考慮に入れても、いや考慮に入れればなおのこと、キリスト教において、互酬的な贈与の論理は、贈与の原理の過剰なまでの追求を通じて（自己）否定に導かれる、という言明が成り立つことになる。つまり、東（インド・中国）は、贈与の消極的または積極的な肯定に、西（キリスト教）は、贈与の（自己）否定に対応する、という第2節で導き出した結論は、キリストの犠牲による〈贖罪〉のことを含めれば、ますます妥当するのだ。

それならば、贈与を基準にしたこのような対立が、どのようにして、今日、われわれが見ているような「西洋」の優位に繋がったのだろうか？　われわれは、すでに、「西洋」というアイデンティティが確立する中世までの歴史については考察した。次に探究すべきは、西洋の優位が顕在化する近世・近代である。

ここで仮説的な見通しを述べておこう。本章で、われわれは、西洋の原点とも言うべきキリスト教を題材にして、とりわけその根幹にあるキリストの磔刑死の論理を整合的に導き出すことを通じて、互酬的な贈与の（自己）否定という契機を抽出した。しかし、西洋の歴史は、この契機を直接に顕現させるものではない。むしろ、逆である。西洋の歴史は、「互酬的な贈与の（自己）否定」がもたらしうる帰結を否認し、抑圧することの繰り返しである。つまり、西洋は、十字架の上でのキリストの死が含意する恐るべき帰結を、必死になって、反復的に拒否してきたのだ。このことが、今後の考察の中で次第に明らかになるだろう。

こうして探究の焦点を、西洋の近世・近代に移したいのだが、その前に、やっておかねばならぬことがある。今回、われわれは、「東」をキリスト教と対比した。キリスト教は一神教の一つであり、これは、インドからも中国からも生まれなかったイデオロギーである。だが、同じく厳格な一神教であっても、イスラーム教の文明圏は、西洋とはまったく違った歴史の筋を辿った。イスラーム圏は、地理的には西洋のすぐ隣りだが、実は、いくつかの点で、中国と共通している。ある時期までは、西洋よりもはるかに先進的な文明だった、という点でも、中国と似ている。イスラーム教は、信者たるものの要件として、五つの宗教的義務を定めているが、その中に、「喜捨《ザカート》」がある。喜捨は、大規模な徴税を媒介にした再分配を可能なものとする規定であり、中華帝国が、やはり、独特の再分配の機構によって支持されていたことを連想させる。

やっておくべきこととは、イスラーム圏の歴史についての探究である。これが、東洋をめぐるこれまでの考察と、西洋近世・近代についての今後の考察とを媒介する、好都合な橋となることだろう。

1　非西洋の諸文化から西洋への「輸出」が、しばしば、西洋からの「逆輸入」があったときに初めて発見される（オレたちは彼らに影響を与えたのだ、と）のは、このためである。

2　その「ある時期」がいつなのかは、論争の的になっている。とりあえず、ここでは、それがいつなのかははっきり特定しないが、早めに見積もるとすると、それは、一六世紀ということになる。「大分岐」という語を最も好んで使用しているポメランツは、本格的な分岐の開始はもっと遅く、一九世紀だとしている（Kenneth Pomeranz, *The Great Divergence: China, Europe, and the Making of the Modern World Economy*, Princeton University Press, 2000）。この時期については、われわれもいずれ検討する。

3　ダイアモンドは、小学生でも気がつく事実を究極の原因として指摘した。ダイアモンドの説は、知的な意味での「天才」とはどういうものなのかを考えさせるよい例である。アインシュタインのように、他の人がとうてい思い至らないようなことを着想する、というタイプの天才もいる。しかし、誰もが思いつきそうな仮説を、額面どおり受け取り、圧倒的な情熱と時間をかけて実証してみせるのにも、特別な才能を必要とする。それは、知的な「確信」をもつ才能である。ダイアモンドの才能は、この種のものだ。ほかに典型的な例を挙げるとすると、大陸移動説を唱えたアルフレート・ヴェーゲナーがふさわしいだろう。

4　原始的な呪術の段階を別にしたとしても――『東洋篇』では暗示的にしかふれてはいないが――儒教には二つの層がある。それぞれの層は孔子と孟子に代表させることができる。結論だけを述べておけば、孔子の儒教は、互酬的な贈与によって関係しあう氏族・家族のエートスに対応しており、孟子の儒教は、超越的な天を前提にしたエートスに対応している。朱子学によって継承され、体系化されたのは、もちろん、孟子の儒教である。孔子／孟子という儒教の二層性については、小倉紀蔵の諸著作が参考になる（『朱子学化する日本近代』藤原書店、二〇一二年、等）。小倉によれば、たとえば、孔子の『論語』の「君子は上達す、小人は下達す」は、「君子は高尚なことに通じていて、小人は下賤なことに通じている」といった当たり前のことを述べているのではなく、小人は、上位の超越的な価値から演繹して世俗のことにあてはめようとするが、君子は、そのような超越的価値を前提にせず、下から（上へと）帰納するように考える、という意味である。「天命」の変更による「革命」というアイデアは、『東洋篇』第28章の注12に述べたように、孟子の系列に由来する。

5　繰り返し述べたことをもう一度確認しておく。尊敬や憧憬の対象となっている他者に贈り物を受け取ってもらうことは、それだけで、贈与者にとって、すでにお返しとしての意味をもつ。

6　田島正樹『正義の哲学』河出書房新社、二〇一一年。最後に残ったパン屑十二籠は、十二弟子に対応する隠喩ではないだろうか。
7　大澤真幸『〈世界史〉の哲学　中世篇』講談社、二〇一一年、第11章第5節で導入した、ラカンによる「愛の定義」を想起せよ。
8　大澤真幸『〈世界史〉の哲学　東洋篇』講談社、二〇一四年、第4章第1節・第2節も参照。
9　大澤真幸『〈世界史〉の哲学　古代篇』講談社、二〇一一年、第7章参照。
10　橋爪大三郎の説明。以下を参照。橋爪大三郎・大澤真幸『ふしぎなキリスト教』講談社現代新書、二〇一一年、一九九―二〇三頁。
11　別の言い方をすれば、このような赦しは、真の〈赦し〉とは言えない。罰金を支払って、罪が消えている者を、そのような者として認めたところで、そこには、何ら倫理的な決断の要素はないからだ。ほんとうの〈赦し〉は、罪人を、まさに罪人のままに赦すことでなくてはならない。罪人が罪を償って善人になったときに赦すのは、実のところ、ただの事実の承認であって、〈赦し〉ではない。
12　カンタベリーのアンセルムスの説明が、これにあたる。
13　ウルトラマンと神との類比は、ただの冗談ではない。「ヨブ記」でヨブに語っていることから判断すると、神にとっては、リヴァイアサン等の怪獣をかんたんにやっつけられる、ということは自慢のポイントの一つなのだから。
14　贖罪論をこの三つの類型に整理するにあたって、私は、以下の著作を参考にした。来住英俊『『ふしぎなキリスト教』と対話する』春秋社、二〇一三年、二〇六―二三八頁。なお、同書によれば、第一の解釈である「捕虜の買い戻し」というアイデアの変異版として、「捕虜連れ出し」説があり、来住は、この説に好意的な立場を表明している。しかし、「捕虜」「買い戻し」「連れ出し」というのは、いずれも比喩であることを考えたとき、私には、「買い戻し」説と「連れ出し」説の間にどのような実質的な違いがあるのか、理解できなかった。それゆえ、ここでは、「連れ出し」説は無視する。

第2章　純粋な一神教

1　神への愛／隣人への愛

キリストは隣人愛を説いた。彼は、律法を隣人愛に置き換えたのだ。より厳密に言い換えると、キリストによれば、隣人愛は律法の成就された形態である。隣人愛の教えが端的に表れているのは、次の有名な場面である。ユダヤ人（ファリサイ人）の律法の専門家が、キリストを試してやろうとして、イエスに「律法の中で、どの掟が最も重要でしょうか」と質問した。

イエスは言われた。「『心を尽くし、魂を尽くし、力を尽くして、あなたの神、主を愛しなさい。』これが最も重要な第一の掟である。第二も、これと同じように重要である。『隣人を自分のように愛しなさい。』律法全体と預言者は、この二つの掟に基づいている。」（「マタイ福音書」二二章三七―四〇節）

さて、ここで疑問が出てくる。キリストは、どうして二つの掟を挙げたのだろうか？　この二つの間に、どのような関係があるのか？　「律法の中のどれが」と問われたときの答えなのだから、この二つは、もちろん、律法からの引用である。キリストは、律法を暗記していたに違いない。この二つの条項は、トーラー（旧約聖書の冒頭の「モーセ五書」）の中で、並んで出てくるわけではない。両者はまったくかけ離れたところに記されているのだ。前者（神を愛しなさい）は「申命記」（六章五節）に、後者（隣人を愛しなさい）は「レビ記」（一九章一八節）に、それぞれ記載されている。まったく異なる文脈の中にある二つの掟を引用しているのだから、キリストとしては、これらを並置することに何らかの理由があったに違いない。つまり、両者の間には内在的な繋がりがあるはずだ。それは何か？

この疑問の意味は、もしキリストが挙げた掟が、この二つのうちのどちらか一つだけだったとしたらどうだろうか、と考えてみると分かってくるだろう。もし、大事な掟がどちらか一つだけだったとしたら、キリストの教えは、もっとずっと受け入れやすい、あるいは少なくとも理解しやすいものだったに違いない。

たとえば、キリストが、最も重要な掟として、後者だけを、つまり「隣人を愛しなさい」の方だけを引用していたとしたらどうだろうか。その場合には、「イエスもなかなかいいことを言うな」と思って——あるいは「イエスもわりとあたりまえのことを言うな」と思って——、そういうことなら自分もクリスチャンになってもいいと、「気軽」に入信する人もいるだろう。この掟は、「誰とでも仲良くしましょう」といった、ごく普通の道徳的方針のように聞こえるからである。

逆に、キリストが、第一の掟だけを引いていたとしたらどうであろうか。これはこれで、受け入れられるかどうかは別として、理解はしやすい。この掟は、一神教の精髄を表現しているように思えるからだ。実際、この部分は、ユダヤ人が「シェマの祈り」と呼ぶ重要な箇所である。「聞け《シェマ》、イスラエルよ。我らの神、主は唯一の主である」という呼びかけと言明を最初に宣言した上で、ユダヤ人は、毎日の朝夕の祈りの時間に、この「第一の掟」を唱えている。だから、キリストが、律法の中で最も重要な掟としてこれを選び出したのには、納得がいく。しかし、一神教の立場からすると、「神」の他に、特に「隣人」を愛することが強く要求される理由は定かではない。つまり、神への愛と同等の重みで、隣人への愛が命令される理由は、不可解なのだ。そもそも、一神教が貫徹されていれば、「隣人」の間の愛についてうるさく言われなくても、同じ唯一神を愛する者の間の共感は自然と生まれると考えられる。

だが、キリストは二つの掟を並置した。とたんに、理解が難しくなる。ここで、われわれは、第二の掟に関連して、すでに何度か指摘してきたことに、つまり「隣人」の意味が、本来のコンテクストでの意味とは正反対なものになっていることに留意しなくてはならない。もとのコンテクスト（旧約聖書）では、「隣人」は文字通りの意味である。すなわち、同胞、ユダヤ人同胞のことだ。しかし、キリストが「隣人」という言葉を使うときには、まったく逆である。この場合の隣人は、最も縁遠い他者、嫌な奴、普通だったら嫌われる者、罪人のことなのだ。つまり、（キリストの）隣人とは、まさに隣人の否定なのである。[*1] キリストにあって、隣人というカテゴリーの内容は、完全に反転している。この事実から、われわれは、次のような見通しを立てることができるのではないか。第一の掟は、「隣人」の内容のこうした反転にとって必要な契機だったのではないか、と。神への愛が、何らかの意味で媒介になって、「隣人」カテゴリーの内実が反転するのではないか、と。

＊

この点との関係で、しばしば議論されてきた問題をここでも主題化しておこう。愛することを命じることはできるのか、という問題である。たとえば、誰かがあなたに、「律法の規定だから、君を愛している」と告げたとすると、あなたは、その人から「ほんとうはお前を愛していない」と言われているに等しい。

この問題は、次のように解釈した場合には、解消される。まず、「神を愛しなさい」の「愛」は、個人的な好意や感情のことではない。古代オリエントでは、こうした文脈で用いられる「愛」は、政治的な権威への服従や忠誠の意味となり、したがって、命令の対象になりえた。つまり、「君主に忠義を尽くせ」という命令と同種の規定と解釈すればよいのだ。[*2] 第一の掟をこのように解釈した場合には、第二の掟も、政治的な盟約に類するものと見なさなくてはならない。つまり、同じ神を愛する（同じ神に忠誠を誓う）同胞が、互いに争うことなく連帯すべきであるという命令として、これを受け取らなくてはならない。

しかし、キリストの言葉は、政治的な忠誠や同盟の類に関する命令として解釈することはできない。キリストの「隣人を愛せ」は、同胞との（政治的な）連帯について述べているわけではなく、嫌な奴に対する心底からの愛、あらゆる敵意や無関心を克服した愛に関することだからである。とすると、問題は振り出しに戻る。つまり、命じられた愛は愛の否定ではないか、という問題に回帰するのだ。

この矛盾を解消するのが、おそらく、第一の掟である。つまり、「心を尽くし、魂を尽くし、力を尽くして、神を愛しなさい」というキリストの言葉は、「隣人を愛しなさい」という命題が自己否定的ではなくなるような形態の愛について語っている、と解釈しなくてはならない。前者の「神への愛」を貫徹したとき、「(キリストが言う意味での)隣人への愛」が、命令によって強いられなくても自然発生する、という関係が、二つの愛の間に成立していなくてはならないのだ。この場合、「隣人を愛しなさい」は、表面的には命令形をとっているが、ほんとうは自律的に成立した愛について記述しているだけだ、ということになる。

しかし、第一の掟をどのように解釈したとき、そのような関係が得られるのか? こうした関係が得られるような「神への愛」とは、どのような愛なのか? つまるところ、キリストが引いた二つの掟は、どのように関係づけられるのか? この問いは、ここではこれ以上は探究せず、ただ開いたままにしておこう。

だが、次のように言っておきたい。前章で論じたこと、キリストによる贖罪との関係で提示した論理が、回答を間接的に示しているのだ、と。われわれは、キリストという神の十字架上での死が、信者たちの共同性としての聖霊を基礎づける所以《ゆえん》について説明した。つまり、神との垂直的な関係が、どのような意味で信者たちの間の水平的な関係、隣人愛によって結ばれた関係に転換するのかを論じた。そこで、われわれは、聖書には記述されていない三位一体の概念に訴えたが、この論理は、今ここで話題にしている二つの愛の間にある関係の解説として読み替えることが可能なはずだ。

2 一神教の諸類型

宗教の教義や実践から、特定の信仰にとらわれない合理的で普遍的な核を導き出すためには、神の言葉や聖典の記述を無批判に受け入れるのではなく、そこにどのような論理が作動しているのかを抽出することが必要だ。どのような（隠れた）論理を前提にしたとき、神のものとされている言葉や聖典に記されている多様な記述等々が、首尾一貫したシステムに見えてくるのか。その論理を探りあてなくてはならない。たとえば、今、われわれは、キリストが、「律法においてはこれらだけが重要だ」として引用した二つの規定を、ただ「そういうものか」として受け入れるのではなく、両者の間に内在的な繋がりがあるはずだと仮定し、探究してきた。

この探究を動機づけたのは、次のような直観である。キリスト教はユダヤ教から派生した。つまり、キリスト教はユダヤ教の転回形態である。このことを考慮したとき、キリストが挙げた「最も重要な掟」の第二の掟、つまり隣人愛を直接に指示している第二の掟は、不自然な要求に見えてくる。第一の掟は、一神教としての本性を純化し、端的に表現する命令なので、ユダヤ教からの発展の中で、この掟が、他のすべての掟を斥けて前面に出てくる理由は容易に理解できる。しかし、「隣人を愛しなさい」という命令が、この第一の掟に匹敵する重要性をもつことには、必然性がないように思えるのだ。それは、一見したところ、一神教にとっては、偶有的な契機、なくてもかまわない過剰な契機に見えるからだ。この一見過剰で偶有的な契機が、いかなる意味で、内在的な必然性をもつのか。このように、われわれは問いを立てたのであった。

＊

キリスト教は、ユダヤ教の一神教としてのアスペクトに、過剰で逆説的な——と見える——契機（隣人愛）を付加している。そうだとすると、われわれは、次のように考えることもできるはずだ。すなわち、ユダヤ教からの派生として、このような「不純物」を孕まないような発展、一神教としての本性を端的に徹底させるような発展もありうるはずではないか。その通り。現に、そのような発展があったのだ。それこそ、イスラーム教である。前章の結末で予告したように、イスラーム教とその歴史を考察の主題としてみよう。

本章の冒頭で、われわれはキリストの言葉を引用し、二つの命題が、キリスト教の本質を要約していると述べた。「神を愛すること」と「隣人を愛すること」である。これに対応するようなイスラーム教の本質を表現する命題は何であろうか。それは、イスラーム教の信仰告白において唱えられる言明、「アッラーの他に神はなし。ムハンマドはその使徒である」に他なるまい。

この言明は、二つの文から成る。前半の意味は明白で、アッラーが唯一神であることの確認である。後半は、ムハンマドが使徒（預言者）であり、したがって人間であるということを含意している。それゆえ、神を愛するようにはムハンマドを愛してはならない。後半の文のポイントは、神と同じように、ムハンマドを崇拝してはならないということにある。キリストは、神を愛するとともに、人間（隣人）を愛すべきだと述べていた。それに対して、イスラーム教の信仰告白は、二つの愛にははっきりとした格の違いがあること、人間の中で最も優れた者に対する愛でさえも、神への愛とは比べようがないことを強調しているのだ。イスラーム教が、一神教としての側面を純化して継承していることは、ここからも明らかだ。

*

ここで、「一神教 monotheism」という概念を少しばかり整理しておいたほうがよいだろう。ここまで「一神教」という語を、最も強い（狭い）意味でのみ用いてきた。しかし、緩やかな意味での（広義の）一神教には、さまざまなタイプが含まれる。一神教（広義）は、単一の神を崇拝する宗教である。それは、多神教――つまり多数の（二人以上の）神々を並行的に崇拝する宗教――や、そもそも神をもたない宗教からは区別される。ヒンドゥー教や神道は多神教であり、神をもたない宗教の代表は仏教である。これらとは異なる一神教も、しかし、さまざまな下位類型を含んでいる。

一神教の中でも、とりわけ、拝一神教 monolatry と唯一神教（排他的一神教 exclusive monotheism）を概念的に区別することが重要である。拝一神教は、特定の一神だけを崇拝し、他の神々を崇拝しないのだが、他の神々が存在していること自体は前提にしている宗教である。たとえばある部族が、自分たちのための神として単一の神を崇めており、しかも、他の部族たちはそれぞれ別の神々を崇拝していると見なしていたとする。これは拝一神教である。拝一神教は、非常に広く見られる宗教のタイプである。

仏教は、原理的には「神をもたない宗教」だが、浄土教は、拝一神教的である。浄土教においては、人々は、阿弥陀仏にすがって救いを求めており、阿弥陀仏がさながら超越神のごとく働いている。しかも、浄土教にとって、釈迦如来や薬師如来など、他の「仏」も存在していることが前提だが、それらは崇拝の対象にはなっていない。ゾロアスター教は、アフラ・マズダー（善神）とアンラ・マンユ（悪神）の二神の対立をコスモロジーの基礎としているので、多神教（二神教）だが、積極的な信仰の対象となっているのはアフラ・マズダーだけだということを考えれば、拝一神教のひとつと見なすこともできる。また「天」を神の一種と見なせば、儒教もまた拝一神教に含めることができる。このように、拝一神教に分類できる宗教はたくさんある。

これに対して、唯一神教は、ある特定の神を唯一絶対の神と見なし、他の神々に関しては、その存在そのものを否定する信仰である。つまり、神は本来的に唯一であり、「他の神」という概念はまったくナンセンスであると見なすのが唯一神教である。固有の意味での一神教、狭義の一神教とは、この唯一神教の方だ。唯一神教は、拝一神教とは異なり、非常に稀な宗教である。唯一神教と見なしうる宗教は、ほとんど、ユダヤ教、キリスト教、イスラーム教の三宗教のみである。

「ほとんど」という留保を付けたのは、古代エジプト、第十八王朝の十代目の王、アクエンアテン（イクナートン、在位紀元前一三五一―一三三四年）が改革によって実現した、アテン神崇拝が唯一神教であると見なされることが多いからである。古代エジプトの宗教は、もともと、多神教だった。アクエンアテンが即位した頃は、多くの神々の中でも「アメン・ラー」なる神（都市神アメンと太陽神ラーの習合によって生まれた神）が最も尊敬されていた。しかし、アクエンアテンは、アテン神のみを崇拝の対象とした上で、他の神々を攻撃的に排除した。アテン神は、ラーと同様に太陽神で、以前から知られている神の一人だった。アクエンアテンは、このアテン神だけを唯一の神と見なし、自分の名前も「アメンヘテプ」から「アクエンアテン」と改めた。だが、このアテン神崇拝は、仮に唯一神教だったとしても、非常に孤立しており、後の王たちに継承されることはなかった[*3]。

だから、歴史に長く刻印を留めた唯一神教は、結局、ユダヤ教、キリスト教、そしてイスラーム教のみである。しかも、これら三つは独立した宗教ではなく、はっきりとした系譜関係の中にある。キリスト教もイスラーム教も、ユダヤ教を源流としているのだ。ユダヤ教を父とすると、キリスト教とイスラーム教は、六百歳くらい離れた兄弟のようなものである。最も新しいイスラーム教は、ユダヤ教とキリスト教を、独自に改訂した上で、自分の内部に取り込んでいる。アッラーは、アブラハムやモーセに呼びかけた神と同じ神である。ちなみに「アッラー」は、神というカテゴリーを示す一般名であって、「ヴィシュヌ」とか「アテン」のような神の名ではない。イスラーム教の神の名をあえて呼ぶとすれば、「ヤハウェ」である。イスラーム教の観点からすると、たとえばモーセは、ムハンマドに先立つ預言者の一人である。興味深いのは、イエスの扱いだ。イスラーム教の観点からは、イエスは、「キリスト（メシア）」や「神の子」ではなく、預言者の一人だ。ただし、最後にして最大の預言者であるところのムハンマドより格下の。

したがって、実質的には、唯一神教は、人類の歴史の中で一回だけ、ユダヤ教において誕生した、と言っても、言い過ぎということはない。そのとき誕生した一神教が継承され、波及し、今日の地球の人口の半分強は、唯一神教徒である。この波及力はすさまじい。一方で、厳密な意味での一神教は、きわめて稀にしか生まれない。他方で、一神教は、数千年の歴史を通じて、驚異的な数の人々に受け入れられ、浸透した。

3　拝一神から唯一神へ

唯一神教は、どのようにして生まれたのか。この主題については、実質的なことは、すでに『古代篇』で論じておいた。ここでは、イスラーム教との対比に必要な論点だけを再確認、あるいはあらためて明確化しておこう。

ユダヤ教の最初の段階で、一挙に、唯一神的な神の観念が誕生したわけではない。旧約聖書は、さまざまな成立年代のテキストの断片がパッチワークのように合成されて作られている。前の方に置かれたテキストが古い、というわけではない。また、同じ一つの文書、たとえば「創世記」なら「創世記」、「出エジプト記」なら「出エジプト記」が一時期に書かれたわけではなく、その中にも、成立年の異なる断片がいくつも複雑に組み合わされている。旧約聖書学は、どの文書のどの部分がいつ頃の成立なのかを細かく確定してきた。旧約聖書の古い部分は、唯一神教的なコスモロジーに基づいてはいない。それは、せいぜい、拝一神教的である。

たとえば、「ヨシュア記」の最後の章（二四章）に「神選び」として知られているエピソードが記されている。ヨシュアは、モーセの後継者である。旧約聖書によると、ユダヤ人はモーセに率いられてエジプトを脱出した。しかし、モーセはカナンに入る前に亡くなってしまう。そのモーセの後を継いで、カナン征服の戦争を指揮したのがヨシュアである。征服戦争に勝利し、カナンの土地の分配が終わった後、ヨシュアは、イスラエルの代表を、シケムという町に集めて、彼らにこう言う。「あなたたちの先祖が川の向こう側やエジプトで仕えていた神々を除き去って、ヤハウェに仕えなさい」と。もしヤハウェに仕えたくないのならば、川向こうにいた先祖の神々でも、この土地のアモリ人の神々でも、「仕えたいものを、今日、自分で選びなさい」と。ここで、ヨシュアは、ヤハウェの他にも神々がいること、川の向こう側の人々、エジプト人、アモリ人等は、別の神々に仕えていること、こうしたことを当然の前提としている。つまり、ここに書かれているヨシュアの信仰は、拝一神教なのだ。

いつ、どのようにして拝一神教から唯一神教への転換が生じたのだろうか？　この点については、学者によって見解は異なる。そもそも、拝一神と唯一神の差異は、概念の上では明確に規定できても、現実の実践の中では、ときにあいまいである。*4 おそらく、いくつものステップを経て、拝一神的な側面よりも唯一神的な側面の比重が大きくなっていったと思われる。最後の決定的な飛躍の担い手として、多くの旧約聖書学者が重視しているのは、バビロン捕囚期の預言者である。

ユダ王国において、ヨシヤ王の治世の十八年にあたる、紀元前六二二年、エルサレムの神殿から「律法の書」の巻物が「発見」される。これをきっかけに、ヨシヤ王は、心を尽くし、魂を尽くして律法を実行するとの契約をヤハウェと結び、大規模な宗教改革を実行した。これが「申命記改革」である。しかし、この改革運動は、突然、中断を余儀なくされる。侵略してきたエジプトとの戦争で、ヨシヤ王が殺されてしまったのだ。その後、新バビロニアのネブカドネザルによって、ユダ王国は、滅ぼされてしまう。前五八六年のことだ。生き延びたユダヤ人たちの多くは、バビロニアの首都バビロンに強制的に移住させられた。これが「バビロン捕囚」である。この捕囚期こそ、苦難続きだった古代ユダヤ人の歴史の中でも、とりわけ大きな困難の時期だった。[*5]

旧約聖書学の山我哲雄は、この時期に活動した、「第二イザヤ」と仮に呼ばれている匿名の預言者において、唯一神教への最終的な飛躍がなされた、としている。[*6] 第二イザヤとは、「イザヤ書」四〇—五五章に記された言葉を発したとされている預言者である。この部分は、「イザヤ書」の中に入っているが、イザヤとはまったく別人の預言であるということが論証されている。この「別人」の名前は、現在では知りようがないので、「第二イザヤ」という仮名が使われている。

第二イザヤは、バビロンに連行され、絶望していたユダヤ人たちに次のように語った。ヤハウェはやがて、ペルシャ王キュロスを使って、バビロニアを滅ぼし、捕囚民である「われわれ」を解放するだろう、と。この預言は、的中する。第二イザヤが重要なのは、しかし、彼の預言があたったからではない。彼の預言を貫く論法が興味深いのだ。キュロスは、自分たちの神、ペルシャの神に従って、バビロニアと戦うわけではない。第二イザヤによれば、キュロスもまたヤハウェの道具である。つまり、ユダヤ人の神がいて、ペルシャ人の神がいるわけではない。ペルシャ人もユダヤ人もともに道具として扱う、唯一の神がいるのだ。これはもはや拝一神教ではなく、唯一神教である。

第二イザヤに先立って、預言者ホセアやイザヤは、ヤハウェがアッシリアを道具として用いて、イスラエルを罰する、と論じていた。あるいは、エレミヤによれば、バビロニアの支配は、ユダヤ人が罪を犯したことに対するヤハウェの懲罰であり、ネブカドネザルは、ヤハウェの僕《しもべ》である。つまり、アッシリアやバビロニアは、自分たちの神に従うことで、ユダ王国やイスラエル王国に勝ったわけではない。彼らのユダヤ人に対する勝利自体が、ヤハウェの意図に基づいているのだ。第二イザヤとは違いホセア、イザヤ、エレミヤには、拝一神教への揺らぎもときに見られるが、彼らは同時に、唯一神教へと大きく一歩を踏み出してもいる。

＊

以上の歴史的な展開に関して重要な点は、拝一神から唯一神への飛躍が、イスラエルの共同的な苦難が最も深刻になったまさにそのときになされている、ということである。

本来であれば、まったく逆のことが起きてしかるべき状況であった。すなわち、唯一絶対の存在としての神の観念が完成するどころか、逆に、（ヤハウェという）神が消えてなくなっても不思議ではない。いや、むしろその方がはるかにありそうなことだ。古代において、神に帰依する最も大きな動機は、安全保障にあったに違いない。ヤハウェも、本来は、戦争の神だったと推測されている。そのヤハウェを信じていたのに、戦争に負け、敵国で虐げられているのだ。しかも、それは、敬虔な宗教改革（申命記改革）からそれほどの年月を隔ててはいない時期のことだ。

とすれば、普通は、次のように考えるのではないか。ヤハウェは、われわれとの約束を果たすことができなかった。ヤハウェは、バビロニアの神々よりも弱く、頼りにはならない。バビロニアの神々を信仰した方が安全で、幸福や繁栄ももたらされる。こうした考えから、敗者であるユダヤ人は、ヤハウェを見捨てるという展開が、もっともありそうなところだ。

ところが、そうはならなかったのである。いや、それはやや不正確だろう。バビロンに捕囚されたユダヤ人の中には、ヤハウェを見捨て、バビロニアの神々の方に寝返った者もたくさんいたに違いない。だからこそ、第二イザヤをはじめとする預言者たちの必死の言論活動があったのだ。いずれにせよ、ヤハウェは消え去ることなく、生き延びた。単に生き延びただけではない。この（ヤハウェにとって）危機的な状況を経ることで、ヤハウェは、世界そのものと外延を共有する絶対の唯一神へとグレードアップしたのだ。

これは、マックス・ヴェーバーが「苦難の神義論」と呼んだ現象である（『古代篇』第3章参照）。イスラエルの神ヤハウェとバビロニア人たちが崇拝する神々と、どちらが強いか、どちらが卓越しているか、という相対的比較をするならば、結論はもう出てしまっている。戦争の結果が示すように、バビロニアの神々の方が優れているのだ。このとき、こうした比較の平面を越えたところに、比較ということが意味をなさない例外的な唯一者として、神を措定する。これが唯一神教である。

＊

このような神は、信者にどのように体験されるだろうか。「謎」として、である。苦難のうちにあるとき、信者は、こう思うに違いない。神は何を意図しているのか。神は何を欲しているのか。まったく不可解である。苦難の中で措定された唯一神への信仰を失わないためには、神についてのこうした謎に耐えられなくてはならない。

どうしたら、謎に耐えられるのか。謎を受容可能な水準にまで縮小し、その衝撃を緩和するしかない。預言者の言葉こそ、まさにその機能を果たすのだ。「自分たちは、敬虔な宗教改革まで行ったのに、どうして、偶像を崇拝しているネブカドネザルに負けたのだろうか。神は、何のつもりなのか」こうした謎に対して、預言者は、「神は、われわれを裁くために、ネブカドネザルを派遣したのだ」という暫定的な回答を用意する。こうして、人は、神の謎、神の不可解さに耐えることができるのだ。

この謎がいかに深いものかは、「ヨブ記」のヨブのことを思えば、想像できるだろう。義人ヨブは、次々と不幸に襲われる。ヨブは、苦難のイスラエルの寓意である。ヨブは、どうしてこのような理不尽な苦難が次々と自分の身の上に起きるのか、さっぱり理解できない。神は、いったい何を求めているのか。

ヨブを訪問する友人たちは、預言者の代わりである。彼らは、この謎に何とか回答を与えようとする。どうして、ヨブがこれほどの不幸に陥ったのかを、説明しようとするのだ。しかし、彼らは、それに成功しない。ヨブに納得のいく答えを最後まで提示できなかったのだ。謎はそれほどに重い。唯一神の背後に隠されているのは、この謎の深淵である。

4　イスラーム教の誕生

ユダヤ人たちがバビロンに捕囚されたあの出来事からおよそ千二百年後にあたる西暦六一〇年、ムハンマドという名のメッカの商人が、神から啓示を受けた。彼は、いつものように、メッカ近郊のヒラー山の洞窟にこもって、瞑想していた。まどろんでいると、突然、目の前に大天使ガブリエルが現れ、ムハンマドに対して、「誦《よ》め！」と迫ってきたのだ。ムハンマドは、「誦めません！」とこれを強く拒絶した。彼は文字を読めなかったのだ。だが、ガブリエルは、それでも、「誦め、誦め、誦め！」と責めたてる。ムハンマドは、逃げたいのだが、身体が動かない。ガブリエルは、ムハンマドの身体を締め付け、「誦め」と命令し続けた。ムハンマドがはっと目覚めると、何とふしぎなことに、天使の言葉が心に書き込まれたかのように残っていたのだ。これが最初の啓示だった。ムハンマドが四十歳のときだった。

その後もときどき、ムハンマドにはふしぎなことが起こった。何かが取り憑き、声が聞こえてくるのだ。ムハンマドは、最初は、悪霊に取り憑かれたか、あるいは気が狂ったかしたのではないかと心配したが、やがて、妻ハディージャの協力もあって、自分に聞こえているのは神の声であり、自分が、アブラハムやノアやモーセやイエスに連なる預言者であると確信するようになる。

ムハンマドは、恐る恐る、布教を始めた。最初は身内に語ってみた。受け入れる者もいれば、拒絶する者もいる。最初の信者は、妻ハディージャであった。ムハンマドに啓示された神の言葉を書き留めたテキストが、「コーラン（クルアーン）」である。

最初のうちは、なかなか信者は集まらなかった。布教を開始してから十二年を経たとき、ムハンマドと信者は、メッカでの弾圧から逃れるために、メディナに移動せざるをえなくなった。いわゆる「ヒジュラ（聖遷）」である。このときの信者数は、わずか七十余人である。

メディナに移ってから、信者数は、急に増え始めた。ムハンマドは、新しい一神教、イスラーム教によって、アラブ人の部族間の対立を乗り越え、アラブ人の国家を形成するのに成功した。六三〇年には、彼を追い出したメッカを征服し、翌六三一年には、アラビア半島全体の統一に成功した。その翌年に、ムハンマドは亡くなった。

預言者ムハンマドとイスラーム教に関する事実は、政治において理念がいかに重要かをこの上なく明白に例証する。もしイスラーム教が出現しなかったら、アラブ人やアラビア半島は、世界史の中でごくマイナーな役割しか果たさなかっただろう。イスラーム教が導入される前は、アラブ人の諸部族は、互いにいがみ合いながら乱立しているだけだった。イスラーム教が出現したがために、世界史の動きに大きな影響を残すほどの巨大なアラブ人国家が成立したのである。

＊

主要な宗教の中で、イスラーム教ほど、信者と非信者の判別が明確なケースはない。イスラーム教においては、信者であるための最低限の条件が、疑問の余地がないかたちで明示的に定式化されているからである。「六信五行」と呼ばれる基本的な義務を果たしていること、これがイスラーム教徒であることの条件である。

まず、六つのことを信仰しなくてはならない。六つとは、神（アッラー）、天使（ガブリエルはそのひとり）、啓典（つまりコーランのこと）、預言者（ムハンマド）、来世（最後の審判の後に、「緑園」と呼ばれる天国か、あるいは地獄かのどちらかに行く）、天命（この世界の出来事はすべてアッラーの意志に基づいている）である。

さらに、五つの行動が宗教的な義務となっている。第一に、信仰告白。信仰告白において唱えるべき句については、第2節で述べた。第二に、礼拝。一日に五回、聖地メッカの方向に向かって、定められた手順で礼拝を行う。第三に、喜捨。これについては、前章の結末で、ひとことふれてある。仏教にも「布施」の規定があるが、それは義務ではない。しかし、イスラーム教においては、定められた率の喜捨は義務である。一種の税金だと思えばよい。第四が、断食。イスラーム暦の第九月（ラマダン）の間、信者は、断食をしなければならない。この場合の「断食」とは、日の出から日の入りまで、飲んだり、食ったりしてはならない、という意味である（したがって、日没後に食事をとる）。最後に、巡礼。メッカへの巡礼だ。これだけは、他の四つとは異なり、絶対的な義務ではない。一生のうちに一度は、メッカに巡礼することが望ましいとされてはいるが、義務ではない。

以上がイスラーム教徒の条件となる義務である。これらを果たさなくては、イスラーム教を信じていることにはならない。

5 神の謎

さて、イスラーム教に関する、ごく基本的な事実を確認してきた。これからが、本格的な考察である。先に述べたように、イスラーム教は、ユダヤ教の唯一神教としての側面を純粋に継承している。最初の唯一神教であるユダヤ教は、拝一神教的な根を残していた。しかし、イスラーム教の場合は違う。イスラーム教は、すみずみまで完全な唯一神教なのだ。

したがって、ユダヤ教の神とイスラーム教の神は完全に同一でなくてはならない。ヤハウェとアッラーは同じ神である。ユダヤ教徒は、「ヤハウェ」という名前でアッラーを呼ぶ、というに過ぎない。

しかし、にもかかわらず、ヤハウェとアッラーでは、あまりにも性格が違う。両方とも人格神なので、人間のような性格をもっている。とうてい同一人物（同一神）とは思えぬほどに、両者の性格は異なっている。もしこれが人間ならば、まず疑うべきは、二重人格であろう。

ユダヤ教の神ヤハウェは、相当に性格の悪い奴だと言わざるをえない。頻繁に怒ったり、嫉妬したりする。たいへん暴力的で、ときに大量虐殺すら厭《いと》わない。正直に言えば、あまり付き合いたくないタイプである。

イスラーム教のアッラーは、正反対のタイプである。親切で寛大である。怒りにまかせて人類を滅亡させるなどということは、アッラーの場合には、決してありえない。アッラーは、「九十九の美質」をもっていることになっている。誇張で「九十九」という数字を挙げているのではなく、コーランには、ほんとうに九十九個の美質が挙げられているのだ。公正、忍耐、全知、永存、富貴……等。先に挙げた「六信」の中のアッラーを信じるとは、アッラーが、これらすべての性質を備えたものと見なすことを意味している。要するに、アッラーは、「めちゃくちゃいい奴」なのである。

アッラーの美質の中でも、とりわけ重要な性質、それは、コーランの冒頭でいきなり示されている。

讃えあれ、アッラー、万世《よろずよ》の主、
慈悲ふかく慈愛あまねき御神《おんかみ》、

審《さば》きの日の主宰者。
汝をこそ我らはあがめまつる、汝にこそ救いを求めまつる。

（コーラン一章一―四節）*7

アッラーの最も大事な性質は慈愛である。ヤハウェの冷酷さとは対照的だ。どうして、同じ人物（神）なのにこんなにも性格が違うのか。二重人格でないとすれば、神としても、何かの道場か自己啓発セミナーに千年以上も通って、人格陶冶に励んできたのか。こんなふうに言いたくなるほどだ。

次のようなイメージが、この状況によく適合している。あなたの二人の友人、JとMが、ともに結婚していて、夫と一緒に暮らしているとする。

Jはヤハウェ君と結婚している。ヤハウェ君は嫉妬深く、怒りっぽく、しばしばJに暴力をふるう。ときどき、なぜ怒っているのかもわからない。暴力的なわりに、喧嘩はあまり強くなくて、暴漢に襲われたときにも何の助けにもならなかった（しかも、「あれはお前に罰を与えるために、おれが襲わせたのだ」などという、ほんとうなのか嘘なのかわからない言い訳をする）。あなたはJにときどき言うだろう。「あの男とは別れた方がいいよ」と。しかし、Jは、絶対に離婚しようとはしない。Jは、ヤハウェ君に異様な執着をもっているように見える。あなたは、「いったいヤハウェ君のどこがいいのだろうか」と訝《いぶか》しく思う……。

もう一人の友人Mは、アッラー君と結婚している。アッラー君は、非の打ちどころがない好人物だ。頭もいいし、親切だし、稼ぎもよい。「アッラー君のような人ならば、好きになるのも無理はない。Mはいい人を見つけたな」とあなたは、いつも思っている。

＊

さて、問題は、ヤハウェとアッラーのこうした性格の違いは、どこから来るのかである。ヤハウェの性格が悪く感じられる原因がどこにあるのか、を考えてみるとよい。その原因は、第3節の最後に述べたこと、ヤハウェ（神）の核心部の「謎」にある。神は何を意図しているのか、何を欲しているのか、信者である私に対して何を求めているのか、私にはさっぱりわからない。このとき、神は、私に理不尽な苦難をもたらす者として現れるだろう。「それ」が苦難に感じられるのは、なぜ私がそれを経験しなくてはならないのか、神の意図、神の真意が私には不可解だからである。ヨブは、財産を失ったり、家族を失ったり、病気になったりしたから不幸なのではない。どうして自分がそのような喪失を体験しなくてはならないのか、それを理解できないことこそが、不幸の原因である。このとき、神は、ヨブを実験材料としてもてあそぶ、暴力的な性格の持ち主として現れることになる。

アッラーにおいては、この「謎」が解消されている。ヤハウェとの出会い、ヤハウェからの呼びかけが衝撃的で、トラウマ的なのは、ヤハウェに謎があるからだ。ヤハウェがユダヤ人に対して救済を約束するとき、ユダヤ人は、こう感じざるをえない。「どうして、神は、『われわれ』を選んだのか。他の民族と比べてとりたてて優れているわけではない『われわれ』を」と。出会いや呼びかけに衝撃を与える、この「謎」がアッラーには、最初からないのだ。

「天命」に関して、コーランには、次のように書かれている。

天にあるものも地にあるものも、すべては挙げてアッラーのもの。だからこそ、悪いことした者にはそれ相応の報いを与え、善いことした者には最善の御褒美を授け給う。

（コーラン五三章三二節）

ここで言われていることは、イスラーム教では「ヨブ」はありえない、ということだ。不幸は悪いことをした者に対する報いである。仏教用語を使えば、「善因善果、悪因悪果」だ。これならば、人は理不尽な苦難を経験することはない。信者は不幸なときも、幸福なときも、アッラーが何を欲しているのか、透明に理解できるだろう。

ユダヤ教もイスラーム教も、ともに唯一神教だが、神の「謎」の意味づけが対照的である。ユダヤ教の神は、その内奥の意図や欲望に関して、謎がいつまでも残る。究極のところ、神が何を求めているのか、信者にはよくわからないのだ。イスラーム教においては、その謎は消えている。この相違が、神の性格を著しく異なったものに見せている原因である。

では、ここに、もう一つの唯一神教、キリスト教を位置づけるとしたらどうなるだろうか。ユダヤ教を原点においたとき、キリスト教はイスラーム教のちょうど反対側にある。イスラーム教は、神の謎を解消したのだった。キリスト教は、逆に、その謎を言わば重層化してより深めるのである。「謎の重層化」ということが何を意味しているのかは、「ヨブ記」のヨブの位置に、神の子キリストを代入すれば、キリストの受難になることに思い至れば、自ずと理解できるはずだ。ヨブが体験したような、謂《いわ》れなき苦難を、神（の子）が味わい、最後には殺される。これが福音書に書かれていることだ。ヨブは、こう思ったはずだ。「私はどうしてこんなに苦しまなくてはならないのか。神が何を意図しているのか私にはさっぱりわからない。もちろん、神ご自身はご自分のことだからわかっているだろうが……」。ところが、キリストの受難においては、まさに、その神が、ヨブの位置にいる。ということは、どういうことか。神自身にとってさえも、神が謎だということである。神にとってさえも、究極的には自分が何を欲しているのか、わからないのだ。これがキリスト教のケースである。

1 大澤真幸『〈世界史〉の哲学 古代篇』『〈世界史〉の哲学 中世篇』ともに講談社、二〇一一年。
2 山我哲雄『一神教の起源――旧約聖書の「神」はどこから来たのか』筑摩書房、二〇一三年、二七頁。
3 かつて、アクエンアテンの一神教改革の影響で、一神教としてのユダヤ教が生まれた、とする説があった。ユダヤ人は、モーセに率いられてエジプトから脱出してきたことになっているので、このような説を唱えたくなる理由も、理解できないわけではない。この説を唱えた学者の中で、最もよく知られているのは、フロイトである。しかし、アクエンアテンの改革とユダヤ教との関係を示す実証的な根拠は何もなく、今日では、この説を支持する研究者はほとんどいない。
4 たとえば、冒頭に引いたキリストの言葉を思い起こしてみよう。「あなたの神を愛しなさい」と彼は説いた。もちろん、キリストの言葉は、唯一神教のコンテキストで理解しなくてはならない。しかし、「あなたの神」という表現は、それぞれの人にはそれぞれの神がいるかのような印象を、つまり拝一神教の印象を与えかねない。
5 ユダ王国は、南北二つに分かれていたユダヤ人の王国のうちの南王国にあたる。北王国（イスラエル）は先に滅びていたので、ユダ王国がネブカドネザルの軍門に降《くだ》ったとき、ユダヤ人の王国は完全に消滅した。
6 山我、前掲書、第八章。
7 コーランからの引用は、井筒俊彦の翻訳による（『コーラン』上・中・下、岩波文庫、一九六四年）。

第3章 〈投資を勧める神〉のもとで

1　ヴェーバーの疑問

マックス・ヴェーバーは、近代社会の本質的な条件の一つを資本主義に見た上で、その資本主義が、どうして他のどこでもなく、西洋で生まれたのか、という問いを立てた。ヴェーバーが出した結論は、よく知られている。鍵となる要因は、キリスト教——というよりもう少し特定すればプロテスタンティズムにある、と。「資本主義の精神」の起源には、プロテスタンティズムに由来する生活態度（エートス）がある、とするのがヴェーバーの仮説である。[*1] プロテスタントとは、もちろん「カトリックに反抗する者」を指した呼称だが、まさにそれゆえにこそ、彼らは、カトリックから派生したと考えなければならない。つまり、われわれは、プロテスタンティズムを、ヨーロッパの西側のキリスト教というコンテキストの中に——東側のキリスト教（正教）ではなく西側のキリスト教のコンテクストの中に——位置づけた上で、その社会的な意義を理解しなくてはならない。ヴェーバーのテーゼの含意やその妥当性については、われわれもいずれ徹底的に考察することになるだろう。

とまれ、ヴェーバーは、「資本主義の精神」と「プロテスタンティズムの倫理」との関係をめぐるこの仮説を提起した後、探究の戦線を空間的にも時間的にも拡大し、「世界宗教の経済倫理」と題する、超大型の比較社会学のプログラムの中に、プロテスタンティズムについての考察を組み込んだ。ヴェーバーは、まず視野を空間的に拡張し、中国の宗教（儒教と道教）とインドの宗教（ヒンドゥー教と仏教）を論じた。続いて、彼は、キリスト教を過去へと遡行し、古代ユダヤ教を主題とした著作を発表した。ここまで執筆したところで、ヴェーバーは力つきた。『古代ユダヤ教』を完成した一年後に、肺炎で亡くなったのだ。

ヴェーバーの人生はそれほど長い方ではないが、その間に執筆した量は、膨大である。あまりに精力的で、彼が重い神経症と闘いながら研究していたという事実が信じがたい。「神経症」どころか、そもそも、彼の浩瀚《こうかん》な著作群は、仮に健康だったとしても、一人の学者が書いたとは思えないほどの量だ。そんな彼も、イスラーム教についてはほとんど論ずることなく、生涯を閉じた。

しかし、今から振り返ってみれば、ヴェーバーは、プロテスタンティズムの後には、まずイスラーム教について論ずべきだった。儒教、仏教等よりも前に、イスラーム教を主題とすべきだったのだ。ヴェーバーがもう少し長く生きていれば、イスラーム教についても詳しく論じていただろう。彼は、イスラーム教についても、はっきりとしたアイデアをもっていたはずだ。そのことは、『プロテスタンティズムの倫理と資本主義の精神』に記された、一つの注から推測できる。その注は、ヴェーバーがイスラームについて言及した、ごく少数のコメントの一つだが、そこには、イスラームの教義と（彼がプロテスタント諸派の中でも最も重視していた）カルヴァン派の教義との異同について明快な解釈が記されており、ヴェーバーがイスラーム教の位置づけについて確たる方針をもっていたことをうかがわせる。[*2]

儒教、仏教等よりもイスラーム教を優先的に考察すべきだったとここで言うのは、次のような理由からだ。一見したところでは、世界宗教の中で、イスラーム教が、最も資本主義に適した宗教に思えるのだ。つまり、ヴェーバーの疑問を、その最も深いところで代表していた宗教はイスラーム教である。というのも、彼の問いは、資本主義は、それに最もふさわしいかに見える地域で誕生せず、辺境の後進地帯だった西洋で産声をあげたのはなぜか、という点にあったからだ。

人類の現在までの歴史の経緯を知らない宇宙人がいると想像してみよう。その宇宙人に、「資本主義」とはこういうものだと記述してやり、さらに、それぞれの教義や特徴を記した宗教の一覧表を見せた上で、このように質問してみるのだ。君は、どの宗教が支配する文明から最初に資本主義が誕生したと思うか、と。その宇宙人は、イスラーム教の文明圏で資本主義がまずは発生し、そして繁栄したに違いない、と即答するだろう。

だが、実際には、「資本主義」を尺度にしたときには、イスラーム圏は明らかに後手に回った。今日でも、イスラーム圏は、資本主義のゲームの中で苦戦している。たとえば、中国は、このゲームで、最初は大きく遅れをとったが、二〇世紀末から二一世紀初頭の展開の中で、巧みに手をうち、遅れを挽回しつつあるように見える。だが、イスラーム圏は違う。イスラーム圏は、資本主義の競争の中で、現在でも後塵を拝している……ように見えるのだ。

2　イスラーム世界の繁栄

どのような意味で、イスラーム教が資本主義に最も適しているのか、あるいはそのように見えるのか。この点については、すぐ後に論ずる。その前に、イスラーム教が世界史の軌道に顕著な影響を与えたという事実を、あらためて確認しておこう。

イスラーム教の登場前の中東は、どこにでもある、平凡な部族社会だった。前章でも記したように、ムハンマドが啓示を受け、布教を始めても、信者がメッカにいた頃には、イスラーム教の出現は、世界の片隅の小さな出来事に過ぎなかった。情勢が一変するのは、彼らがメディナに移ってからである。ヒジュラ（聖遷）からおよそ十年後、ムハンマドが亡くなる頃（六三二年）には、イスラーム共同体、つまりウンマは、アラビア半島をほぼ統一する大規模な帝国にまで成長していた。

その後のイスラームの歴史を見ると、三回の盛時があった、と言ってよいだろう。第一が、ムハンマドの死のすぐ後の「正統カリフ」の時代である。第二が、アッバース朝の時代。そしていくぶんか時間を隔てて出現する第三の盛時が、オスマン帝国の時代だ。

イスラーム教によれば、ムハンマドは「最後にして最大の預言者」である。それ以降、（最後の審判の日までは）神と人間との間のコンタクトはありえない。イスラーム教の平等主義は徹底している。これは、唯一神を厳密に、超越的な位置に措定したことの反作用である。神との差異との関係では、人間の間の差異はとるにたらぬものになってしまうのだ。それゆえ、理論上は、ムハンマドでさえも、特別ではない。それでも、ムハンマドは、神の言葉が人間のもとにやってくる通路なので、つまりムハンマドがいなければ、神の存在を感知することは不可能なので、彼の特権性は否みがたい。*3しかし、そのムハンマドでさえも死んでしまえば、もはや、原理的には、人間の間に差別や格差はありえない。とはいえ、ほとんどの人間の集団は、指導者やヒエラルキーを必要とする。とりわけ、その集団の規模が大きいときには、そうである。こうした状況の中で要請されたのが、「カリフ」である。カリフとは、預言者の代理人という意味だ。カリフが、ウンマ（イスラーム共同体）の頂点に立つ。

ムハンマドの死後、四代の正統カリフが続く（六三二―六六一年）。「正統」は、「正しく選ばれている」という趣旨で、アッバース朝等の後のカリフから彼らを区別するために、後世の学者たちが付けた形容詞である。ムハンマドのように、神からの直接の啓示があるわけではないので、誰がカリフかということには、常に疑問の余地があったのだ。それでも、ムハンマドに直接に後続する最初の四代までは「正統」であろうとされたのだが、その四人に関してさえも、異議がなかったわけではない。その証拠に、初代のアブー・バクル以外の三人の正統カリフは全員、暗殺された。シーア派とスンナ派の分岐の原因となった、四代目で最後の正統カリフ、アリーが最もよく知られている。

正統カリフの時代から、それに後続しているウマイヤ朝の時代にかけて、イスラーム共同体は、かつての古代ローマ帝国の領土を超える版図をもつ大帝国に成長した。その版図は、東は中央アジアにまで、西は、北アフリカのエジプト、マグリブを越えて、さらにジブラルタル海峡を渡り、スペインにまで達したのだ。

ウマイヤ朝を倒したのが、アッバース朝である。イスラーム共同体とはいえ、ウマイヤ朝は、アラブ人中心主義の傾向を否み難くもっていたが、アッバース朝において、イスラーム帝国は、真に多民族帝国となった。アッバース朝の首都バグダードは、当時の世界で経済的に最も豊かな場所であり、一説では、最盛時のバグダードの人口は百五十万人を超えていた。アッバース朝は、七五〇年に始まり、形の上では、一二五八年まで続くが、その繁栄のピークは、八世紀末から九世紀初頭、つまり第五代カリフ、ハールーン・アッ＝ラシードのときだったとされている。

アッバース朝は、一〇世紀以降は衰退し、ほぼ名目だけの「帝国」として継続するが、アッバース朝のカリフは、宗教的権威として特別視された。アッバース朝が力を失った後、北アフリカから、中東、中央アジアにかけての地域には、いくつものイスラーム系の王朝が乱立し、栄枯盛衰を繰り返した。やがて、ファーティマ朝（北アフリカ）の君主は、カリフを自称した。[*4] すると後ウマイヤ朝（イベリア半島）の君主（アブド・アッ＝ラフマーン三世）もカリフを名乗ったので、結局、アッバース朝のカリフも含めて、三人のカリフが共存していた時期がある。

その後もティムール帝国など、強大な帝国も出現したが、今日までの世界史の流れへの影響という点で重要なのは、一四世紀から二〇世紀までという長きにわたって存続したオスマン帝国であろう。オスマン帝国のメフメト二世は、コンスタンティノープルを陥落させ、ビザンツ帝国（東ローマ帝国）を滅ぼした（一四五三年）。西ローマ帝国は、その千年近くも前にすでに滅びているので、これで、千五百年続いていたローマ帝国が、地上から完全に消滅したことになる。また、一五一七年にマムルーク朝（エジプト）を滅ぼした後は、オスマン帝国のスルタン（皇帝）は、カリフをも自称するようになった。[*5] いわゆる「スルタン＝カリフ」である。

オスマン帝国の皇帝直属の軍隊イェニチェリは、異常に強かった。オスマン帝国は、一六世紀の前半にはハンガリーを呑み込み、[*6]さらにウィーンにまで迫った。ウィーンは、一六世紀（一五二九年）と一七世紀（一六八三年）の二回、オスマン帝国軍に包囲されたが、かろうじて持ちこたえた。紙一重の結果だったと言われている。[*7]

モーツァルトにもベートーベンにも、「トルコ行進曲」という名の作品がある。ウィーンを包囲したオスマン・トルコの軍が、軍楽隊を使っていたことに由来している。多数の歩兵を整然と動かすために、オスマン帝国軍は音楽を使用したのだ。ヨーロッパ人は、このウィーン包囲のとき初めて、戦争に音楽が有用であることを知った。モーツァルトやベートーベンの作品は、一世紀後にも、中央ヨーロッパには、ウィーン包囲の衝撃が残っていたことを伝えている。

オスマン帝国の最盛時には、つまり一六世紀から一八世紀にかけての時期には、ペルシャ（イラン）にはサファヴィー朝が、インドにはムガール帝国があった。つまり、中央アジアから西、ユーラシア大陸の真ん中から北アフリカにかけての地域に、イスラーム系の三つの帝国が併存していたのだ。

一五七一年にトルコ軍は、スペインの艦隊に敗れた。これでオスマン帝国が一挙に弱体化したわけではないが、この敗北は、衰退への長い道程の予兆ではあった。オスマン帝国が最終的に消滅するのは、二〇世紀に入ってから、つまり第一次大戦の後である。

駆け足でイスラームの歴史を復習してきた。とりあえず、こうした概観からもただちにわかることは、イスラーム帝国は、非常に戦争に強かった、ということである。どうして、イスラームの軍隊はかくも強かったのか。本節の段階で言えることは、この強さにイスラーム教が関係していた、ということである。イスラーム教が普及する前には、この地域では、それほど強くない部族たちが離合集散を繰り返していただけ、なのだから。*8

＊

イスラーム帝国は、戦争に強かっただけではない。文化的にも洗練されていた。戦いには強くても、文化的には野蛮だったゲルマン人とは、この点では大違いである。イスラーム圏が、中世ヨーロッパよりも文化的な洗練度においてはるかに優れていたこと、古代ギリシアや古代ローマの文化的な遺産の多くはイスラーム圏で継承され、それが後から西ヨーロッパに逆輸入されたことで、ヨーロッパの学問や芸術の発展に大きく寄与したこと、こうしたことは、どんな世界史のテキストにも書いてあることなので、ここであまり詳しく解説する必要はないだろう。

たとえば、西洋は、古代ギリシアや古代ローマを自らの精神的な起源と見なしている。西洋がこうした自己理解に達するためには、もちろん、ギリシアの古典が継承されていなければならないが、西洋では、中世の初期の段階で、こうした文化的な伝統が、いったん途切れてしまう。ゲルマン人たちは、ギリシア文化に何の価値も認めなかったし、初期のキリスト教もギリシア古典にあまり興味を示さなかったからである。そもそも、西洋では、知識人でさえも、ギリシア語が読める者は非常に少なかった。

ギリシア古典を継承し、保存し、研究したのは、イスラーム世界、とりわけアッバース朝だった。たとえば、アッバース朝の第七代カリフ、アル＝マームーンは「知恵の館」という名のギリシア文化の研究施設を作り、そこで、ギリシア語の古典を組織的にアラビア語に翻訳させた。アッバース朝のもとでは、だから、プラトンもアリストテレスもプトレマイオスもエウクレイデス（ユークリッド）もアルキメデスも、アラビア語で読めるようになっていたのである。こうして継承された、ギリシア古典が、ヨーロッパに逆輸入されたのだ。中世後期のヨーロッパで、アリストテレス哲学が導入され、キリスト教神学の論理的な緻密さが飛躍的に高まったのも、またイタリア・ルネサンスでギリシア文化を「復活」させえたのも、すべて、イスラーム圏のおかげだったと言っても過言ではない。

そもそも、聖書の研究でさえも、イスラーム圏の方がクリスチャンを圧倒していた。その原因は、つい今しがた述べたこと、ヨーロッパには、ギリシア語を読める知識人が著しく少なかったことにある。中世のヨーロッパの知識人にとって、共通語、「真理」を表現しうる特権的な言語は、ラテン語であった。彼らの多くは、ラテン語は読めても、ギリシア語は読めなかった。聖書も、ラテン語の聖書が使われていた。だが、既刊でも何度か述べたことだが、聖書とラテン語とはもともと何の関係もない。新約聖書の原典は、ギリシア語で書かれていた。旧約聖書の原典は、ヘブライ語（とアラム語）で書かれていたが、「七十人訳」と呼ばれるギリシア語訳が、永らく原典に準ずる権威をもってきた。このように、ギリシア語は、聖書の原典研究にとっては不可欠だ。聖書の研究においてさえも、西洋の知識人は、ギリシア語が得意なムスリム知識人に遅れをとっていたのである。

それにしても、西ヨーロッパでラテン語が特別扱いされていたという事実は、奇妙というほかない。ラテン語の権威は何に基づいていたのか。少なくとも、キリスト教には直接の根拠はないはずだ。もちろん、それは、ローマ帝国の権威に由来するのだろう。だが、肝心のローマ帝国では、ラテン語が最も権威ある言語だったとは必ずしも言えず、ときにギリシア語の方が重視された。ローマの上流階級の子弟は、幼少時からギリシア人の家庭教師について、ギリシア語を勉強していた。だから、西ヨーロッパの人々は、ローマ帝国に憧れて、ラテン語をありがたがっていたわけだが、当のローマ帝国の方は、ラテン語をこれといった輝きのない俗語としか見ておらず、ギリシア語を重視していたのだ。まことに皮肉な状況である。

話題を、イスラーム世界に戻そう。ムスリムの学者たちは、イスラームは、別に、ギリシアやローマに由来する学問だけを導入していたわけではない。ムスリムの学者たちは、他の地域からの学問も積極的に受け入れたし、また独自に学問も発達させた。たとえば、インドで発明された「０」の概念が、アラブ人を経由して、ヨーロッパに入ったことはよく知られている。[*9]

イスラームでは医学も発達していた。アラブの医術があまりに優れていたので、ヨーロッパ人は、これを魔術ではないかと疑ったという。一〇世紀から一一世紀にかけて活躍した、天才的な医学者イブン・シーナ（アビセンナ）が著した『医学典範』は、ヨーロッパでも一七世紀まで大学の医学部の教科書として使われていた。

天文学に関しても、イスラーム世界は、先進的だった。ムスリムの学者たちは、実測によって、地球が自転する球体であるという結論に至っていたという。イスラーム最大の学者、歴史家のイブン・ハルドゥーンは、プトレマイオスを引用して、「地球は球形である」と述べている。西洋でも、一四世紀の自然哲学者ニコル・オレームが、地球回転説を前提にしたときの、地球の回転運動を計算しているが、[*10]このオレームに刺激されて、コペルニクスがはっきりと地動説を唱えたのは、一六世紀に入ってからである。

このように、イスラーム世界では、コーランを否定しない限り、どんな学問を手がけようが、どんな説を唱えようが、まったく自由だった。すると、われわれは、西洋との比較で、またしても躓かざるをえない。たとえば、ガリレオ・ガリレイは地動説を唱えたがために、カトリック教会から異端審問にかけられ、処分された。ガリレイの処分が解かれたのは、なんと二〇世紀に入ってからのことである。普通、ガリレイが教会から糾弾されたのは、彼が、聖書に反することを唱えたからだ、と言われている。だが、よく考えてみれば、あるいはよく読んでみれば、聖書には、天動説などどこにも書かれてはいないのだ（地動説も、だが）。ヨーロッパでは、聖書に書かれていないことが、聖書の名によって権威づけられていたことになる。聖書にもキリスト教にも関係がないラテン語が、神学的な権威を帯びたのと、似た状況である。だから、客観的に見れば、ガリレイは聖書に反することを言ったわけではない（聖書に書いてあることを裏付けたわけでもないが）。それなのに、教会から異端と見なされた。これはきわめて理不尽なことと言わざるをえない。どうして、西洋ではこんなことが許されたのだろうか。

この点、イスラーム教は明快である。コーランに書いてないことについては、これといった規制がかからない。それについて何を言ってもかまわなかったのである。西洋とイスラームの間のこうした違いは、どこから来るのか。

こうした謎を解くには、まだ早い。ここでとりあえず銘記しておきたいことは、イスラームが導入された後、中東地域が、文化的にも先進的な地域になっていったという事実である。

3　少年・少女狩り――クリスチャンからの

　オスマン帝国が絶頂期にあったのは、前節で見たように、一六世紀の初頭である（ハンガリーを撃破し、最初のウィーン包囲があったのはその時期だ）。その頃、帝国の支配下にあったバルカン半島で、帝国の一群の役人たちによって、およそ四年に一度の割合で、実に奇妙なことが行われていた。バルカン半島は、つい最近までビザンツ帝国が支配していた地域なので、住民の大半はクリスチャンである。役人たちは、半島の各地に散って、十二歳から二十歳までの、健康な少年を探した。これは、クリスチャンの若者を徴集するための作戦であり、「デヴシルメ」と呼ばれていた。*11

　今日の目で見ると、この作戦は、スポーツのスカウトが、各地を回って、野球やサッカー等の選手の卵を探しまわるのに、よく似ている。実際、役人たちは、少年たちの肉体的・精神的なポテンシャルを見抜く専門家であった。各役人には、義務づけられた割当があって、彼らはそれぞれ、その人数だけ少年を集めなければならなかった。集められた少年は、帝国の首都、イスタンブールに送られた。役人は、村に着くと、まず教区司祭に、そこで洗礼を受けた男の子のリストを作成するように要求し、その名簿を提出させる。役人は、そのリストから、適当な年齢の少年を選び出し、「面接」をした。役人が有望であると判定した少年たちは、両親のもとから強引に引き離され、百人から百五十人程度のグループにして、イスタンブールに送られたのだ。少年の名前は、慎重に登録されたという。名前の登録は、村を離れるときと、イスタンブールに着いたときの二回行われた。というのも、親が金を出して、自分の子どもを買い戻すことができたからである。たまたまある夫婦が、強壮な男の子を何人ももっていたりすると、全員がイスタンブール行きになってしまう、などということもあった。少年は、いったんイスタンブールに送られると、もう二度と両親や家族と会うことはできなかった。一年あたりおよそ三千人の少年が、この方法で集められていた、と推定されている。

今日のわれわれから見ると、これはまことに残酷な制度である。少年たちを、両親や生まれ育った故郷から、有無を言わせぬ方法で引きはがし、(彼らにとっては実質的には)異国の首都に送ってしまうのだから。それにしても、少年たちは、何のために徴集されたのだろうか。彼らは、首都で、惨めな生活を送ったのだろうか。きつく、苦しい労働を強いられたのだろうか。そうではない。まったく逆である。考えようによっては、彼らには、当時のオスマン帝国で望みうる、最も豊かな生活が約束されていた。

まず、有能な上位十パーセントの少年は、宮廷で奉仕し、その間、イスラーム世界で最高の教育を施された。何のために? 彼らを、将来、帝国の高級官僚にするためである。それでは、残りの大半の少年たちは惨めな生活を送ったかというと、そうではない。彼らは、トルコ語を話すムスリムに育てられ、やがてイェニチェリに加えられた。イェニチェリの名は、前節でも出した。イェニチェリは、スルタン(皇帝)の親衛隊、つまりスルタンのすぐ脇にいるエリート歩兵である。ヨーロッパ人から恐れられた、オスマン帝国のイェニチェリは、このようにして編制されていたのである。ウィーンを包囲したオスマン帝国軍の中核は、キリスト教徒から奪い取った子弟によって成り立っていたのだ。

宮廷に送られたエリート少年について、もう少し、ていねいに見てみよう。彼らは、宦官《かんがん》の監督のもとで、二年から八年の訓練を受けた。特に成績優秀な者は、スルタンの住居で、追加的な訓練を受けた。エリート少年たちには、言語や音楽、数学といったあらゆる学問が教えられ、さらに馬術、アーチェリー、武器操作などの身体的な訓練が施されたという。絵画とか、製本技術などまで教育された。これは、生き残りゲームのようなものだが、途中で挫折した者にも、それなりに高くよい職位が用意された（たとえば、帝国政府直属の騎兵等）。そして、非常に有能であることの証明に成功した少年は、将来、軍隊の高官（将軍）、政府高官、地方長官などの地位に就くことができた。最高に有能であることが示され、さらに運に恵まれれば、少年は最終的には、スルタンの直下の最高位、つまり帝国の宰相になることさえできたのだ。要するに、少年たちは、確かに、強制的に徴集されたのだが、能力さえあれば、この帝国の中で望みうる最高の出世も可能だったことになる。

さらに付け加えておけば、この少年のための制度と並行的な少女のための制度もあった。少女は、デヴシルメで集められたわけではない。少女は、奴隷市場で買われたのだ。バルカン半島や南ロシアあたりに跋扈《ばっこ》していた盗賊たちは、村々から誘拐してきた少女を、市場で売っていた。そうした少女たちの中から、器量がよかったり、健康そうだったりした者が買われ、首都に送られたのだ。彼女たちも、きつく惨めな仕事のために、酷使されたわけではない。買われた少女たちは、オスマン帝国の政府高官たちの妻や情婦として仕えたのだ。少女たちも、少年のケースと同じように、宮廷のハーレム等で、厳格に制度化された方法で監督され、またしつけられた。当然の帰結だが、スルタンの多くは、こうした奴隷の母親の子である。母親は、子どもを媒介にして、帝国の政治に影響力を行使することさえあった。クリスチャンの少年と同じように、少女たちも権力のほぼ中枢にまで接近することができたのである。[*12]

さて、今、オスマン帝国の、少年・少女の徴集システムを見てきた。前節で見た、イスラーム帝国の異常な強さの秘密を解明するための手がかりが、ここにはあるからである。オスマン帝国において最終的に完成し、細部まで洗練されるに至ったこの制度は、実は、イスラームの深い伝統の中に根付いている。つまり、この制度は、オスマン帝国で最高度に洗練されるに至るが、そのルーツは、初期のイスラーム帝国の中にもあるのだ。しかも——ここが興味深いところだが——これに類する制度は、イスラーム帝国にしかない。つまり、キリスト教圏や中国やインドには、同じ制度は見出すことができないのだ。

以上は事実の確認に過ぎない。ここからが、われわれが考えるべき問いである。疑問は二つある。第一に、オスマン帝国をはじめとするイスラームの諸帝国は、どうして、こんなめんどうな方法で、軍人や政府高官を徴集する必要があったのだろうか。どうして、ムスリムの子弟から志願者を集めて、軍人や高官にしなかったのだろうか。なぜ、わざわざ異教徒（クリスチャン）のもとから、暴力的な方法で、未成年者たちを連れてくる必要があったのだろうか。非常にふしぎなことではないか。

こうした方法で、武官・文官のトップを採用したときに、最も心配なことは、彼らが、皇帝や帝国に強い忠誠心をもつことができたのだろうか、ということである。それゆえ、第二の疑問は、そもそも、どうしてこんな強引なことが可能だったのか、ということである。オスマン帝国にとって、バルカン半島は、征服した土地だとはいえ、国民国家以前のことだから、今日の感覚からすればほぼ外国のようなものである。支配的な宗教も違えば、言語や習慣などもまったく異なっている。その上、少年たちは、彼らの希望とは無関係に、彼らの家族から強引に引きはがされてきたのだ。こういう少年たちに、命懸けの忠誠心を期待できるのだろうか。

次のように想像してみれば、これがいかにとてつもないことかがわかるだろう。たとえば、日本の工作員が、中国に行って、有能そうなティーンエイジャーをたくさん拉致してきたとしよう。彼らに、日本語をはじめとして、さまざまなことを徹底教育する。その中で最も優秀だった者に、日本の総理大臣になってもらおう、と現在の日本人が思うだろうか。誰も、そんな無謀なことを考えまい。しかし、オスマン帝国のデヴシルメは、これに近いことを実現したのである。何が、それを可能にしていたのか。

これらの問いには、イスラーム帝国の社会構造の本質に迫る、重要な謎が隠れている。しかし、本章では、問いを記録するにとどめて、回答は後の考察に委ねよう。その前に、本章では、冒頭の節で提起したこと、つまりヴェーバーはイスラーム教についての研究を優先させるべきだった、という苦言がなにゆえに出てきたのかを、説明しておく必要がある。

4　神への投資

コーランには、次のように書かれている。

アッラーに素晴しい貸付けをする者はいないか　何倍にもしてそれを返却して戴けるんだぞ。
（コーラン二章二四六節）

これは、もちろん比喩だ。しかし、われわれとしては、イスラーム教の観点から正しいことを行うことが、アッラーへの「投資」として描かれていることに注目しないわけにはいかない。たとえ比喩であるとしても、投資し、それによって利潤をあげることが善いことの典型であるとの了解がなければ、このような表現は絶対に使われまい。

多くの論者が指摘してきたように、イスラーム教的な観点にとっての善さの根本には、商人の倫理がある。イスラーム教の教えの中核にあることがらは、商人の倫理からの類推や一般化である。前章で述べたように、アッラーには「九十九の美質」があることになっているが、その一つは「勘定高さ」である。日本人の常識からすると、「あなたは勘定高い」などと言われても、誉められた気分はしないが――というより、どちらかと言えば「悪口」のように感じられるが、イスラーム教の観点からは、これは究極の讃辞のひとつなのだ。勘定高いことが不可欠な美徳になるのは、商人の場合である。実際、アッラーは、至高の商人として描かれていたのだ。

たとえば、最後の審判の日について、コーランは、「一人一人の魂が、それぞれ自分の（現世で）獲《え》た稼《かせ》ぎ高だけきっちり支払って戴き、不正を受けることなど全然ないあの日」（三章二四節）と記している。最後の審判とは、すべての人間の人生の決済がなされる日である。最後の審判のときの救済とは、生前のすべての善行（と悪行）がもれなく計算され、それにちょうど釣り合うように与えられる報酬である。

最後の審判についてのこうした了解とちょうど双対の関係にあるのが、「原罪」の観念の否定である。キリスト教にとっては、人間の原罪は、絶対の前提である。だが、コーランの中で、原罪は、嘲笑的に否認されている。原罪は、最初の人間が、神との約束を破ったことに起因するとされているが、しかし、これが人類の共通の罪であるという想定は、一般の人にとっては、身に覚えのない借金を負わされている状態だ。商人の倫理からすれば、これは容認しがたい。

この点で、イスラーム教は、キリスト教とはまったく異なっている。第1章でキリストによる「贖罪」という観念について考察したことを、ここで思い出してほしい。贖罪は、まさに負債額の返済の論理に見える。しかし、われわれは、キリストの贖罪の論理は、互酬の原理を内側から突き破るものであった、とする解釈を提起しておいた。それに対して、イスラーム教において求められていることは、互酬の原理の完全な遵守である。

いずれにせよ、ここで確認しておきたいことは、イスラーム教においては、商人の倫理が全面的に肯定され、称揚されている、ということである。あるいは、アッラーに融資すれば、何倍もの利益を獲得することになるだろうという、この節の冒頭の比喩が示すように、コーランでは、ときには、資本主義的な投資の行動が推奨されている。コーランに商売に託された表現が頻出し、商人の倫理の類比が多用されるのは、ムハンマド自身が商人だったからだ、と説明されてきた。またこうした宗教が説得力をもち、人々に熱狂的に受け入れられたのは、当時のアラブ地域が商業によって繁栄していたからだ、とも説明されてきた。こうした説明は、おそらく正しいだろう。

いずれにせよ、次のように主張したくなる。このような宗教は、資本主義にとって非常に都合がよいだろう、と。イスラーム教のもとでは、資本主義が生まれやすかったはずだ。また、イスラーム教は、いったん生まれた資本主義を積極的に擁護し、推進したはずだ。このように推論したくなる。イスラーム教においては、何しろ、神自身が、商人や投資家のようにふるまうのだ。これほど資本主義にとって有利な宗教は、ほかに考えられまい。

ところが、現実には、イスラーム教のもとでは、自発的には、近代的な資本主義は生まれなかった。また、イスラーム圏の諸社会は、資本主義への適応に、現在に至っても、それほど成功していない。経済史の専門家や近代世界システム論の支持者は、富める国や地域と貧しい国や地域とに、地球社会はくっきりと分化している、という事実に注目してきたが、イスラーム圏の国はすべて、貧しく、経済的には失敗している地域の方に含まれている。これは、どうしたことだろうか。

たとえば、仏教のような宗教が受け入れられたり、好まれたりしている地域や文明が、資本主義への適応に失敗するのであれば、簡単に説明がつく。仏教は、経済的な利得を求めるような欲望を煩悩として否定しているし、また、そもそも、出家者には、商売やビジネスをすること自体を禁じているからである。だが、イスラーム教は違う。神自身が商人として、あるいは資本家としてふるまっているのである。ならば、イスラーム教のもとでこそ、まずは資本主義が発展すべきではなかったのか。どうして、そうならなかったのだろうか。ヴェーバーの疑問にとって、イスラーム教こそ、最も挑戦的な主題だったに違いない、と述べたのは、こうした事情による。どうして、イスラーム教が資本主義を生まず、かつ支持しなかったのかがわかれば、ヴェーバーの疑問の最も重要な部分は解けたことになるだろう。

*

イスラーム圏で資本主義が発達しなかった理由についての俗説が成り立たない、ということだけ、ここでは大急ぎで指摘しておこう。その俗説とは、イスラーム教が利子の徴収を禁止していることが、イスラーム圏で資本主義が発達できなかった原因だ、とするものである。確かに、徴利が厳禁されていれば、「資本」は不可能なように思える。

だが、この俗説が成り立たないことは、すぐにわかる。なぜなら、中世のキリスト教も利子を禁止していたからである。それどころか、利子を罪悪視する感覚は、キリスト教の方が、イスラーム教よりもはるかに強い。それなのに、キリスト教圏では、まさに資本主義が生まれたのだ。利子を否定する宗教的な観念は、資本主義の誕生を必ずしも阻害しない。

そもそも、工夫次第で、イスラーム教のもとにあっても、十分に合法的に利子――これを「リバー」という――を取ることができた。形式的には、リバーの禁止の規定を犯さずに、実質的には、リバーを得る方法があるのだ。たとえば、二つの独立した売買がなされたという形式にして、貸付に対する利子を得る方法があった。どういうことか、少し説明しよう。[*13]

商人Mが別の商人Nに、1000d（ディルハム）を貸して、一定期間後に、1200dを返してもらうとしよう。これをそのまま行えば、もちろん、禁止されているリバーを得たことになる。そこで、MがNに1000dを貸し付けるとき、Nは1000d相当の商品CをMに渡す。これで、MがCをNから1000dで買った、という体裁が整う。その直後に、今度は、Nの方が、同じ商品Cを、Mから1200dで買い戻すのだ。これは、もう一つの反対方向の売買である。ただし、このとき、Nは、1200dの支払いを、半年とか一年後とか、一定の期間、猶予してもらう。Mが、その猶予期間後に、Nから1200dの支払いを受けたとき、彼は、実質的には、200dの、つまり二割の利子を得たことになるのだ。

このように、イスラーム教のもとでは、工夫次第で、合法的に利子を得ることはできたし、実際に、そういうことがなされていた。利子を禁止する法があったということは、資本主義が発達しなかった原因とは見なすことができない。そうすると、結局、もともとの問いの地点に差し戻されることになる。神すらも投資家や商人のようにふるまうことになっている、その宗教のもとで、どうして、資本主義が逸早く発達しなかったのだろうか。

1　マックス・ヴェーバー『プロテスタンティズムの倫理と資本主義の精神』大塚久雄訳、岩波文庫、一九八九年（原著一九〇四―〇五年）。

2　ヴェーバーは、イスラーム教は「宿命論的な予定説」であって、「神の二重の決断に基く予定説」ではないので、地上の生活の運命には関係しても、来世の救いにはなんら関係するところがない、という趣旨のことを述べている（ヴェーバー、前掲書一七六頁）。ここで、「神の二重の決断に基く予定説」という語で指示されているのは、カルヴァン派である。ヴェーバーのこうした言明は、彼に非常に強い仮説があったことを示唆している。

3　コーランにはこうある。「［ムハンマドは］もともとアッラーの使徒であり、預言者の打留である」（三三章四〇節）。同じ一神教でも、ユダヤ教やキリスト教には「最後の預言者」という観念はない。ユダヤ教とキリスト教では、神は必要に応じて、いつでも預言者を選ぶことができるのだ（実際には、聖書の時代の後には、そういうことはほとんどないようだが）。イスラーム教が、「最後にして最大の預言者」ということをあえて強調したのは、一神教の中でもイスラーム教がとりわけ、神の唯一性に、つまり神の超越性や隔絶性に厳密に拘《こだわ》ったからであろう。神からの啓示を受ける預言者が無制限に増殖したのでは、唯一神の圧倒的な超越性が相対化されてしまう。

4　アッバース朝のカリフはスンナ派である。ファーティマ朝の王は、第四代正統カリフのアリーの末裔だと自称し、シーア派のカリフとなった（ファーティマは、ムハンマドの娘の名である。ほんとうにアリーの末裔であり、かつムハンマドの娘の末裔ならば、血統的には申し分ない）。

5　マムルーク朝は、モンゴルの攻撃によって滅びたアッバース朝のカリフの親族をかくまっていた、ということになっている。オスマン帝国のセリム一世は、マムルーク朝を滅ぼしたとき、カリフの子孫を見つけ出し、その地位を譲り受けた、と語っている。もちろん、これは、権威づけのための作り話であろう。

6　一五二六年、「モハーチの戦い」の名で知られている会戦で、ハンガリー王国軍はオスマン帝国軍に撃破された。

7　オスマン帝国軍による第二回ウィーン包囲のとき、オーストリアとポーランドは、それまでの恩讐を超えて連合した。このとき、オスマン帝国との戦いで、三人の英雄が活躍したことがよく知られている。ポーランド王ソビェスキ、オーストリアの将軍プリンツ・オイゲン（サヴォイ公）、ハノーヴァー選帝侯ゲオルク・ルートヴィヒ（後のイギリス王ジョージ一世）の三人である。

8　イスラーム史の専門家、後藤明は入門書の中で、次のように書いている。「〔イスラーム化したアラブ軍は〕ペルシアやローマの正規軍と戦って、負けることはなかったのです。どうしてアラブ軍はこんなに強かったのでしょうか。正直いって、誰にもよく分からない問題なのです」（『イスラーム歴史物語』講談社、二〇〇一年、七六頁）。

9　吉田洋一『零の発見——数学の生い立ち』岩波新書、一九七九年。

10　飯塚一郎『大航海時代へのイベリア——スペイン植民地主義の形成』中公新書、一九八一年。

11　この制度については、以下の文献を参照。Albert H. Lybyer, *The Government of the Ottoman Empire in the Time of Suleiman the Magnificent*, New York: AMS Press, 1978, pp. 49-53. Norman Itzkowitz, *Ottoman Empire and Islamic Tradition*, New York: Knopf, 1972, pp. 49-52.

12　以下を参照。William H. McNeill, *Europe's Steppe Frontier 1500-1800*, Chicago: University of Chicago Press,

1964, p. 29. Halil Inalcik, *The Ottoman Empire: The Classical Age 1300-1600*, New Rochelle, NY: Aristide D. Caratzas, Orpheus Publishing, 1989, pp. 86-87.

13　イスラームでは、合法的な方法の組み合わせによって、本来の目的を達成することを「ヒヤル（奸計《かんけい》）」と呼ぶ。リバー（利子）を実質的に獲得する以下のヒヤルについては、次の論文に基づく。林智信「イスラームの倫理と反資本主義の精神」（『思想』二〇〇五年六月号）。

第4章　「法の支配」をめぐる奇妙なねじれ

神を信ずることは、神に投資することに等しい。コーランでは、神自身が信仰を投資に喩えている。このような宗教のもとで、どうして、逸早く資本主義が発達しなかったのか。西洋のキリスト教のもとでは、資本主義が誕生し、繁栄したのに、イスラーム教のもとでは、資本主義は、それほど順調に機能はしなかった。これは、奇妙なことではないだろうか。前章でわれわれはこのように問うた。

イスラーム教をめぐる疑問は、まだ尽きない。イスラーム教のもとで資本主義が十分に速やかに成長しないことがふしぎに思えるのは、イスラーム教が、キリスト教と比べて、資本主義的な行動様式に好意的であるように見えるからだ。イスラーム文明は、さらに、「資本主義」よりももっと得意であってしかるべき分野で、キリスト教文明の後塵を拝しているように見える。その「もっと得意であってしかるべき分野」とは、法に関わる領域である。

1 「法の支配」の二つの意味

憲法学者や法哲学者等が「法の支配 rule of law」と呼んでいる理念がある。本来は、主として英米法を念頭において理論化された概念だが、一般的に応用することができる。[*1]「法の支配」という語は、今日、二つの異なった意味で使用されている。第一に、日常の社会生活において、「法」と見なされている規範が遵守されている状態が、この語によって指示されている。この意味における法の支配を重視する論者には、経済学者が多い。たいていの経済学者は、経済成長のためには、所有権や契約についての法律が整備され、遵守されていることが必要だと考えている。経済学者が、第一の意味で「法の支配」を重視するのは、このためである。

しかし、法の支配という理念の本来の意味、より重要な意味は、次の第二の使用法である。法の支配とは、統治者や統治する階層が——つまり被統治者だけではなく統治者も——、法によって設定されている制限に積極的に従う、という意味である。つまり、「法の支配」というときの法は、主として、統治者を支配するのだ。この場合、「法の支配」の反対概念は「人の支配」である。権力のヒエラルキーの頂点にいる者を、法によって束縛することは難しい。そうした難しい条件が満たされていれば、「法の支配」がある、と見なされるのである。

法の支配は、このどちらの意味においても、今日、「よい体制」、民主的な体制が成り立つための、必要条件だと見なされている（十分条件ではないが）。法の支配さえあれば、民主的というわけではないが、しかし、体制が民主的であるためには、法の支配は不可欠だ、とされているのだ。

では、イスラーム文明においては、法の支配は満たされていたのか。満たされていた。優等生的な完璧さで、イスラーム文明は、法の支配を確立していた、と言ってよいだろう。そもそも、イスラーム教の本態は、法にある、と言っても過言ではない。イスラーム世界の特徴は、宗教においで定められている法が、そのまま社会の日常の法でもある点にある。宗教の法と日常の法が一体なのだ。たとえば、仏教の戒律は、出家者のためのものであって、在家者の日常の法ではない（その代わり、ヒンドゥー教の方に、日常の法にあたる規定がたくさんあるのだが）。儒教は、政治家の徳や行動には厳密な関心を寄せるが、一般の人々の日常のコミュニケーションには無関心である。それに対して、イスラーム教の信者の生活は、多様な規範によって規制されている。その規範の集合が「イスラーム法」である。イスラーム法には、食をはじめとする日常生活の細々とした規定から、商取引の方法に関する規則、犯罪者への刑罰についての規定、戦争のやり方に関する法、等々が定められている。

イスラーム教の原則からすると、イスラーム法は、人類普遍の法である。人間のあらゆる言動に関して、その妥当性を一義的に決定しうる判断が、イスラーム法の中に見出されるはずだ（ということになっている）。法判断は、確定された法源から導かれる。法を人間が勝手に、自由に創ったり、変えたりすることはできない。法は、神が創り、定めたものだからだ。法学者の仕事は、神が創った法を「発見」することにある。以上から明らかなように、イスラーム法が想定どおりに通用していたとするならば、法の支配は、二つのどちらの意味においても、機能していたはずだ。

2 イスラーム法の諸法源

実際、イスラーム法は、人類普遍の法としての実質を満たすために、周到に整備された法源のシステムをもっている。法源とは、そこから法判断を導くための基準である。イスラーム教がいかに法に繊細な関心と情熱を差し向けたかを知るために、イスラーム法のしくみを概観しておこう。[*2]

イスラーム法には、十種類の代表的な法源がある。その中でも、上位の四つの法源が重要である。第一法源は、もちろん、コーラン（啓典）である。神の啓示であり、神との契約内容でもあるコーランの中に、直接に規定されていれば、それは、文句なしに法として妥当する。神の啓示＝コーランだけで十分でなくてはならないところだが、実際には、コーランに、すべての行為についての規定が書かれているわけではない。書かれるはずがないこともある。たとえば、ムハンマドの時代には、自動車がないので、自動車についての規定は、コーランにはない。ラマダン（イスラーム暦の第九月）の、日中の断食を、旅行者は守らなくてもよいとコーランにはあるが、どのくらい自動車を走らせると「旅行」になるのかは、コーランを精読してもわからない。コーランでは足りない部分を、他の法源が補うことになっている。

第二法源として依拠されるのは、スンナ（慣行）である。スンナは、預言者ムハンマドの言行録「ハディース」を、学者がまとめたものである。生前のムハンマドの発言や行動から、個々の具体的な行為がよいのか悪いのかを判定するのだ。スンナは、啓典ではないが、法源の一つとしては絶大な権威をもつ。

だから、伝えられているムハンマドの言動は、正確でなくてはならない。そのため、ハディースは、単純に、ムハンマドが「X」と語っていた、などという形態では、許されない。そのムハンマドの発言が、どのような経路を通って伝えられてきたかを、同時に明言しなくてはならないのだ。それゆえ、ハディースは、一般には、「預言者ムハンマドが『X』と語ったのを聞いた、とAが言った、とBが言った、とCが言った」という伝承者を連ねる伝聞体となる。言わば、ムハンマドの発言のリツイートが、そこまでのリツイートの経過の記録とともに繰り返されているのである。A、B、C……と名前が連なる部分を「伝承者の鎖」と呼び、「X」の部分が「本文」である。アラビア語は、日本語と語順が逆なので、最初に、長い伝聞の鎖が語られた後に、本文が言われる。本文が同じでも、鎖の中の伝承者の名前が一つでも違えば、異なるハディースである。

スンナまで使っても、先の「自動車旅行」の問題は解決しない。神でさえも、自動車のことは言い落としたのである。ムハンマドが、千年以上も後に出てくる、未来の乗り物のことを予見できたはずがない。しかし、イスラームの法源は、まだあるので心配は要らない。

第三法源は、「イジュマー」(決断、合意)と呼ばれる。これこそ、新しい事態が生じて、法判断をすぐに下すことができないときに援用される法源だ。イスラームの法学者を「ムジュタヒド」と呼ぶ。コーランにも、スンナにも書かれていない大問題が生じたとき、同時代のムジュタヒドの全員に問いかけ、返事をもらう。その返事の意見が全員一致であったならば、それが「イジュマー」であるとされ、コーランとスンナに次ぐ、権威ある基準として確定するのである。一旦、イジュマーとして確立すると、後世の法学者は、これを覆すことはできない。

もっとも、容易に予想がつくように、微妙な問題について、ムジュタヒドの全員が一致した見解をもつ、などということは、ほとんどありえない。そこで、実際には、カリフが、全員一致が成り立ったという擬制を仮定してしまうのが通例であった。となれば、次の法源が必要になる。

第四法源は、「キヤース」である。キヤースとは「類推すること」「類似のもので評価すること」という意味だ。よく使われる例によって解説した方が、キヤースはわかりやすい。今、ここにラム酒があり、これを飲むことが、禁止された行為に属するのか許された行為なのかがはっきりしないとしよう。ムハンマドの時代にはラム酒がなかったので、コーランにもスンナにもラム酒についての規定がない。ところで、ブドウ酒については、コーランに、「悪魔が作ったもの」であり、これを飲むことは禁止であると明記されている。ブドウ酒は、なぜ飲んではならないのか。なぜ、神はブドウ酒を飲むことを禁じたのか。ブドウ酒には酩酊作用があるからではないか、と推測することができる。ラム酒にも酩酊作用がある。とすれば、ラム酒を飲むことは禁止された行為である。

これがキヤースの典型的な類推である。この類推は、三段論法に基づいている。もう少し正確に言い換えれば、「大前提→小前提→結論」という通常の三段論法を、帰納的に遡るような論法、つまり結論から大前提を推測するような論法が、ここでは使われている。まず、「ブドウ酒を飲むことは禁止された行為である」という結論が、どのような小前提（ブドウ酒は酩酊作用をもつ）と大前提（酩酊作用をもつものを飲む行為は禁止された行為である）から導かれているのかを、遡行的に確定する。その上で、同じ大前提を、ラム酒にも適用し、結論（ラム酒を飲むことは禁止された行為である）を導いているのだ。

こうしたやり方が成り立つのは、神は、個々の具体的な行為を気まぐれで禁じたり、命じたりしているわけではなく、禁止や命令の背景には一般的理由があるはずだ、という想定があるからだ。キヤースは、その神の「一般的理由」を類推する手法である。キヤースは、その前の法源イジュマーと違って、判例のように残りはしない。個々の法学者は、自分の理性に従うべきだ、とされているからである。先の「自動車旅行」の問題も、キヤースに依拠すれば、何らかの回答が与えられるかもしれない。

さらに、法源の列は続く。実は、その後の法源の当否については、諸説があって、イスラーム教全体で見解が一致しているわけではない。しかし、イスラーム教が、形式的にきちんと整備された法システムをもっているということを理解するためには、以上の四つの法源を見るだけで十分だろう。ここでは、他の法源について検討するよりももっと重要なこと、これら法源のシステムから推定される、イスラーム法の全体像について確認しておきたい。

*

法源のここに述べたような使用法は、イスラーム教が、法について次のような観念を抱いていることを示している。まず、神は、人間がなしうるあらゆる行為について、一般的な理由に基づき系統的に善悪を判断している。この判断の集合は普遍的な法で、時間以前の、つまり無時間的な永遠性の次元に属している。この一部が啓示されて、コーランとなっているのだが、不幸にして、すべてが人間に明示的に伝えられることはなかった。

第二法源以下は、すべてが啓示されなかった神の永遠の法判断を推定するための根拠であり、確実度の高い順に、法源として高い地位が与えられているのである。最も確実度の高い根拠は、神と人間の間の唯一の通路であった、使徒ムハンマドの言動である。それゆえ、スンナが第二法源になる。ただ、そのためには、スンナに示された判断が、神―人間の通路たるムハンマド自身と繋がっていることの保証が必要だ。それが、ハディースの「伝承者の鎖」である。

さらに、学識ある法学者ムジュタヒドが正しく理性を働かせれば、神の法判断を推定することができるはずだ、という想定がある。おそらく、個々のムジュタヒドは、キヤースのようなやり方で、つまり三段論法を遡行するような形式で、神の判断を推論するのだろう。もしすべてのムジュタヒドが独立して行った推論が同一の結論に達するという奇跡的なことが起きるとすれば、それは、その推論が正しかったからだ、と考えるほかはない。そこで、「イジュマー」は、コーランやスンナと同じように、不変の法の一部に加えられるのである。しかし、人間である個々のムジュタヒドのキヤースは、誤る可能性もある。たとえば、コーランに記された「結論」から、まちがった「大前提」を帰納してしまうこともありうる。それゆえ、キヤースは、尊重はされるが、そのまま不変の法として定着することはない。

こうした想定は、派生的な結論として、人間の知的能力に関して、次のようなことを含意する。最も重要な知的能力は、記憶力である、と。帰納的な推論は可謬的《かびゅうてき》だ。それよりも、コーランやハディースを記憶しておいた方が、まちがいがない。神の判断が法になるのだから、問題は、人間の世界と神の判断との間の「道」をどのようにして確保するかにある。そのような道がすでにある場合には、つまり直接の啓示や「伝承者の鎖」がある場合には、記憶を通じて、神の判断に正確に到達することができる。これに対して、推論は、道がないところにあらたに人間の側から道を切り拓くことである。この場合には、見当外れの方向に道を造ってしまう可能性がないとはいえない。

実際、イスラーム文化やアラブ文化は、暗記を尊ぶ傾向があるという。[*3] 記憶力が優れている人が、知的な人として尊敬される。コーランをすべて暗記している人は、いくらでもいる。宗教的に熱心な親であれば、子が三、四歳の頃からコーランを学習させ、十歳頃には全巻をそらんずることができるようにする。大学者の伝記には、しばしば、その学者が天賦の才能に恵まれていたことを示す事実として、「六歳にしてコーランを全部暗記した」というようなことが記されている。現代の日本人は、「丸暗記」「棒暗記」などと暗記力を知的能力の中では最低ランクに属するものと見なしているが、イスラーム文化圏ではまったく逆である。

ともあれ、重要なことは、イスラーム教が、いかに法を重視し、法に徹底した情熱を注ぎ込んだかを確認することにある。「法」を基準にすると、セム系の唯一神教（ユダヤ教、キリスト教、イスラーム教）の関係について、明確な構図を得ることができる。三つの唯一神教は、もちろん無関係ではない。イスラーム教では、しばしば、「アブラハムの宗教」という語が使われる。「アブラハム」は、もちろん、旧約聖書（ユダヤ教）のアブラハムであり、「アブラハムの宗教」は、イスラーム教の別称である。イスラーム教の観点では、アブラハムこそが最初のムスリムであり、イスラーム教は「アブラハムの宗教」の復興以外のなにものでもない。*4 このように、イスラーム教徒自身によって、セム系の唯一神教の間の一貫性は強く意識されているが、第三者の観点からは、三つの宗教の間にどのような関係を認めることができるのか。

もともと、ユダヤ教の根幹には法（律法）がある。キリストは、ユダヤ教の法を廃棄した。それが同時に、法の「成就」を意味するというのがキリストの解釈だが、いずれにせよ、キリスト教は、ユダヤ教の法をそのまま継承せず、ある仕方で否定した。イスラーム教は、これとは対照的である。イスラーム教は、法としてのユダヤ教を肯定的に継承し、法をより完備されたものへと仕立て上げた。それゆえ、キリスト教とイスラーム教は、ユダヤ教という源泉に対して、対立的な位置に立つ。前者は、ユダヤ教の法的側面を否定的に解消し、後者は、肯定的に発展させた。この配置は、「神の謎」という主題をめぐって見出した、三つの宗教の配置（第2章の最後）と一致している。ユダヤ教を中央において、キリスト教とイスラーム教が反対の位置にあるという構図である。

3　蒸発する「法の支配」

さて、これほど法を重視したイスラーム教のもとでは、法の支配が遵守されていたことは、言うまでもない。第一の意味における法の支配は、完璧に近い形で確立されていた。すなわち、財産権や相続、あるいは商取引等々についての、ゆきとどいたルールがあり、守られていた。第二の意味における法の支配も、原則的には、維持されていた。実は、この「原則的には」という留保が重要なのだが、その点は後で述べよう。ともあれ、イスラーム文化圏の王や首長は、基本的には、イスラーム法が課す制限を受け入れていた。オスマン帝国のスルタン（皇帝）でさえも、つまりイスラーム教の誕生から時代的に（前近代のイスラーム政権の中では）最も大きく隔たっており、かつきわめて強大な権力をもち、恣意的に振る舞う余地がありそうにみえるオスマン帝国の皇帝でさえも、自分の権力がイスラーム法の設ける限界の中にしかない、ということを認めていた。

そうであるとすれば、次のように考えてよいのだろうか。近代社会や民主的な社会を成り立たせるためには、いくつもの条件が必要である。「法の支配」もその一つである。近代社会や民主的な社会の必要条件のほとんどが、西洋文明に由来すると、一般には考えられている。すべての条件が、西洋に発する、と主張する者さえいる。しかし、必ずしも、そうは言えないのではないか。われわれは、すでに、「中央集権的な国家」に関して、中国は、西洋から学ばなくても、西洋よりもはるかに先立って、それを確立していた、ということを確認した（『東洋篇』）。今度は、法の支配に関しては、イスラーム文明が、西洋に先立ち、西洋とは独立に確立していた、と見なしてよいのだろうか。

こうした認識は、半分は正しく、半分は誤っている。（半分は）正しいというのは、ここまで述べてきたことで、すでに明らかであろう。法を根幹にすえたイスラーム教は、独自に、法の支配の原理をもっていたのである。しかし、問題は、「半分は誤っている」の部分である。ここに、イスラーム教をめぐる学問的な疑問の核心（のひとつ）がある。どのような意味なのかを説明する必要があるだろう。

確かに、イスラーム文明においては、法の支配が、独自に確立されていた。そもそも、法の支配なしに、イスラーム教が普及しているとは言えない。では、なぜ、「半分は誤っている」などという意地悪な限定を付けたのか。

今しがた述べたように、われわれが法の支配を重視しているのは、それが近代社会にとって不可欠な条件の一つだと見なされているからである。ところが、イスラーム文明における、法の支配の伝統は、近代化の過程で、ことごとく破壊されてしまったのだ。イスラーム教のもとでの法の支配は、イスラーム諸国の近代化の助けにはなっていない。イスラームの法の支配は、近代化の衝撃の中で——というか、厳密には西洋との接触を通じて——実質的には、消滅してしまったのだ。その結果、現在のイスラーム諸国は、むしろ、法の支配が十分に確立されていない世界のひとつになった。したがって、近代社会の条件の一つとしての「法の支配」が、イスラーム教によって、すでに準備されていた、と見なすことはできない。

もう少しだけ、事態の推移を詳しく見ておこう。一九世紀から二〇世紀前半にかけて、イスラーム世界の諸国、アラブ諸国の大半は、西洋の列強によって、つまりイギリス、フランス、イタリアによって分割され、植民地化された。イギリス、フランス、イタリアの植民地当局は、それぞれの国の伝統的な君主を傀儡《かいらい》として立て、彼らを通じて、それぞれの植民地を統治する、という手法をとった。これら植民地・半植民地諸国は、一九三〇年代後半から一九七〇年代にかけての時期に、次々と独立した。

列強から解放されたことで、伝統的なイスラーム勢力が政治の主導権を握ったかというと、そうではなかった。まったく逆である。エジプト（元イギリス植民地）でも、リビア（元イタリア植民地）でも、シリア（元フランス植民地）でも、イラク（元イギリス植民地）でも、列強の傀儡だった国王を排し、権力の頂点に立つのは、世俗的なナショナリストで、軍との結びつきの強い人物だった。その過程で、どの体制においても、イスラーム教の学者（ウラマー）の伝統的な役割は廃止された。簡単に言えば、アラブ世界の独立後に出現したのは、「法の支配」の正反対の状態、典型的な「人の支配」である。

二〇一〇年から一二年にかけて、「アラブの春」と呼ばれる、大規模な反政府デモや騒乱が、アラブ諸国に連鎖的に生じた。こうした反政府運動が起きたのは、これらの諸国で、長期にわたって――独立後の数十年間にわたって――、軍部と結託した人物の独裁政権が持続していたからである。つまり、「法の支配」がまったく成り立っていなかったのだ。ついでに付け加えておけば、反政府運動によって、独裁者が倒されても、新たな「人の支配」が始まるだけであって、「法の支配」への転換が実現するわけではない。

＊

さて、すると、われわれは、ここで一つの疑問に逢着《ほうちゃく》する。先にていねいに見たように、イスラーム文明圏は、もともと、他のどの文明圏よりも完備された法の支配を確立した。それなのに、どうして、イスラーム諸国の近代化の過程で、法の支配の伝統は、活きなかったのだろうか。どうして、イスラーム的な「法の支配」は、西洋世界との接触を超えて生き延びることができなかったのか。

逆に、西洋では、ある時期以降、法の支配は、あたりまえの前提となっている。西洋の植民地政府が、この原則を、植民地には必ずしも適用しなかったことは確かだが、いずれにせよ、西洋の「本国」では、近代化に先立って、法の支配が制度化され、機能してきた。この事実を考慮に入れると、疑問はますます深まってくる。前節の最後に述べたように、西洋文明の根幹にあるキリスト教は、もともと、「法」を廃棄したのだ。逆に、イスラーム教は、ユダヤ教に根をもつ「法」をより完備された体系へと再編した。法を脱構築した宗教と再構築した宗教。どうして、前者のもとでは、法の支配が首尾よく機能しているのに、後者のもとでは、法の支配は致命的に破壊されてしまったのだろうか。

われわれの疑問の輪郭を鮮明なものにするために、ありうべき反論に応答しておこう。反論とは、イランのイスラーム革命はどうなのか、という問いである。一九七九年に、イランでは、世俗的なナショナリストで、熱心な近代化推進者でもあったパーレビ国王を追い落とす革命が起きた。この革命を主導したのは、ホメイニ師を中心とするイスラームの法学者である。とするならば、少なくともイランでは、イスラームの伝統に連なる法の支配が復活したのではないか。イランでは、言わば、かつてイスラームにあった法の支配が、アップデートされて、現代社会仕様になっているのではないか。そして、イランで起きたことは、他のイスラーム諸国でも起きうるのではないか。われわれの問いに対しては、このような反論が出されうる。

あまり詳しく説明していると本来の論旨を見失うので、ごく簡単に結論的なことだけを述べることにするが、イランの体制は、われわれの疑問を緩和するどころか、逆に、より先鋭なものにする。というのも、イランのイスラーム革命がもたらした政治のシステムは、イスラーム的な「法の支配」のヴァージョン・アップではなく、逆に、それを真に無効化するものだったからだ。

イランの体制は、選挙によって支持されている制度と、選挙とは無関係な制度との複合によって成り立っている。前者に属するのが、大統領や議会である。後者には、最高指導者や監督者評議会が含まれる。最高指導者の地位や監督者評議会のメンバーには、権威あるイスラーム学者だけが就くことができる。選挙で選ばれた立法者や行政府が、選挙とは無関係な伝統的な権威によって監督されたり、制限されたりしている、という二重性は、とりたてて前近代的なものでも、非合理的なものでもない。こうした二重性をもった体制を有する近代国家は、他にもある。*5 そうだとすると、このイランの体制は、最高指導者や監督者評議会によって、イスラーム的な「法の支配」の機能が確保されているように見える。

だが、実態は違う。まったく逆である。もし、最高指導者や監督者評議会が、議会を通過した、非イスラーム的な法律を、イスラーム的な見地から承認することだけをその任務とするような制度であったならば、確かに、イランの体制は、伝統的な「法の支配」を、現代的に活用していると解釈することもできたかもしれない。しかし、最高指導者は、イスラーム革命防衛隊やバスィージと呼ばれる民兵部隊の指揮権をも持っているのだ。要するに、革命後のイランの体制は、イスラーム的な「法の支配」の服を着た「人の支配」（最高指導者の支配）である。

したがって、イスラーム文明は、きわめて堅固な法の支配の伝統があったのに、近代化・現代化の過程では、それがまったく機能しなかったのはどうしてなのか、そうした過程で、法の支配が完全に消滅してしまったのはなぜなのか、という疑問は、イラン革命を考慮に入れても消えることはない。それどころか、イラン革命は、疑問をむしろ支持する事例なのだ。この革命はむしろ、法の支配を骨抜きにしているからである。

4　しこりのように残る疑問

まず、この疑問に対する普通の回答、多くの論者によって提出されてきた回答は、問題を半分だけ解いている、ということを説明しておこう。言い換えれば、一般的な回答は、謎を半分残すのだ。どこに謎が残っているのかを理解することが肝心である。

一般的な回答とは、次のような理屈だ。近代化は、伝統社会にはなかった、新しい技術や社会関係や事物を、急速に生み出すことになる。それらに対応した法は、コーランにもスンナにもない。先の「自動車」は、そうした新しい事態のほんの一例である。もちろん、イスラームの教義の上では、そうした新しい事態についての規定も、イスラーム法の中にはある、ということになっているし、重層的な法源のシステムは、その潜在している規定を引き出すためのテクニックをともなっている。キヤースは、そうしたテクニックの一つである。しかし、近代化にともなう新事態への、このような応答には、どうしても限界がある。近代化はあまりに速いし、それがもたらす社会変動はあまりに深く、かつ広い。ほんとうはイスラーム法の中に書き込まれていない規定を、さまざまな社会的・知的な技法を用いて、「実は始めからあった」と見せかける、という手法では、こうした変化にはとても追いつかない。こうして、近代化にともなって、イスラーム法の守備範囲に入っていない、社会的行為の領域が、どんどん拡大していく。イスラーム的な「法の支配」は、当然、こうした領域には無効である。

イスラーム教にとって特に大きな限界は、人間が自由に法を創造することができる、という発想がまったくないことである。法は神が永遠の過去において創造したものであって、決して変わることがない。人間が法を創る、などとんでもないことである。人間としては、すでにある永遠不変の法を発見するしかないのだ。こういう発想では、速く複雑で大きな社会変動に対して、柔軟に対応することはできない。

以上のような論理で、西洋と衝突し、近代化が進捗していく中で、イスラーム文明に固有の

「法の支配」がまったく機能しなかった、ということをかなりの程度、説明できるように見える。この説明を、もう少し補強しておこう。

実は、前節までの、イスラーム的な「法の支配」の説明には、若干の誇張と単純化がある。一九世紀後半の本格的な近代化や産業化の前までは、あるいは西洋列強による植民地化の前までは、イスラーム世界では、法の支配が機能していた、と述べた。確かに、最も基本的な部分に関して言えば、その通りだが、その段階でも、法の支配に、まったく瑕疵《かし》がなかったわけではない。つまり、法の支配が、近代に至って、突然、機能障害に陥ったわけではないのだ。ムハンマドが啓示を受けたのは七世紀のことなので、コーランも、スンナの本文も、そこで固定されてしまっている。当然、急速な近代化を待たずとも、コーランやスンナに明示的に書き込まれていることだけでは対応しがたいことは、いくらでも出てきている。そうした社会変動の中で、法の支配は、少しずつ変調をきたしていった。

その「変調」の状況を、具体的に見てみよう。ムハンマドの死後の、最初の数代のカリフにおいては、宗教的な権威と政治的な権力は、確かに統一されていた。つまり、カリフは、まさしく預言者(ムハンマド)の代理人であり、ムハンマドと同じような機能を担っていた。カリフの支配は、それ自体、理想的な「法の支配」と見なすことができる。ウマイヤ朝までは、カリフの身体の上での、権威(宗教)と権力(政治)の統一は、おおむね確保されていた、と言ってよいだろう。しかし、やがて、政治的な権力とカリフとしての力(宗教的なそれ)との間に、亀裂が入る。特に重大な画期は、アッバース朝の支配から逃れたウマイヤ朝の末裔が、イベリア半島に、後ウマイヤ朝を開いたときだったと言われている。正統なイスラーム帝国と見なされていたアッバース朝は、その求心力を失い、やがていくつもの細かい帝国に分裂していく。その頃には、アッバース朝のカリフが影響力を実質的に及ぼすことができた範囲は、首都バグダードの周辺だけになってしまった。さらに、独自に（勝手に）カリフを名乗る者が現れ、カリフが複数化したときには、その宗教的な権威は著しく低下した。

教義の上では、もちろん、カリフは、普遍的で精神的な権威である。しかし、この教義の上での想定と、カリフが実際に、その法的な権限を実効的に行使することができた領域との間にはギャップがあった、と言わざるをえない。結局、世俗の支配者（つまり王や首長）が、カリフやウラマーに対しても、権力や影響力を行使するようになる。カリフやウラマーこそが、イスラーム法の管理者なので、この状態は、もはや、「法の支配」が理想的に確保されているとは言えない。これを、一種の「皇帝教皇主義 caesaropapism」の一種だと見なす学者もいる。*6「皇帝教皇主義」は、もともと、ビザンツ帝国（東ローマ帝国）を念頭において創られた語で、世俗の皇帝の権力が宗教的な権威に優越し、後者が前者に従属している状態を指している。

とはいえ、しかし、繰り返し強調しておけば、イスラーム文明においては、政治的権力と宗教的権威が、機能の上で完全に独立することはなかった。つまり、政治的権力が、帝国を支配するためには、教義の上では、宗教的な権威による支持を必要としていた。

だが、近代化の前であっても、社会変動に伴って、イスラーム法だけでは対応できないことがいくらでも出て来てしまう、という問題は、如何ともしがたかった。一五世紀後半以降のオスマン帝国では、この問題に対処するために、スルタンが、自らの権限で、イスラーム法とは別の法律を定めることができるようになった。これは、一種の実定法であり、「カーヌーン・ナーメ」

と呼ばれた。カーヌーン・ナーメは、イスラーム法の中に十分に規定されていない領域に援用された。たとえば、新たに獲得された領地の課税や所有権のルール、通貨の発行や貿易に関するルール等は、カーヌーン・ナーメの形態で定められた（それに対して、結婚や相続や家族や、その他、昔からの個人的な問題は、すべてイスラーム法の領域であった）。[*7]

このように、オスマン帝国には、二種類の法があった。宗教的な法（イスラーム法）と世俗的な法（カーヌーン・ナーメ）である。もちろん、より重要なのは、前者である。スルタンは、イスラーム法の規定にあからさまに反するルールを、カーヌーン・ナーメとして定めることはできなかった。つまり、スルタンは、カーヌーン・ナーメを使って、イスラーム法を否定したり、排除することはできなかった。その意味では、法の支配が成り立っている。しかし、イスラーム法の側には、ひとつの弱みがあった。イスラーム法の専門家が、何らかの法的判断を引き出したとしても、彼らは、それを強制するための手段をもたなかった。法を執行するために、イスラーム法学者は、結局、世俗の権力を頼らざるをえなかった。

*

ここまでの議論を整理しよう。もともと、イスラーム教のもとでは、法の支配が、理想的なかたちで確保されるはずだった。しかし、最終的には、法の支配は、無惨な形で崩壊し、今日のイスラーム圏の政治的な混乱の原因にもなっている。法の支配が失効したのは、社会変動によって、イスラーム法の守備範囲に収まらない事態が現れたからである。とりわけ、一九世紀後半以降の近代化によって、そうした事態は急速に増殖し、拡大していった。だが、仔細に検討してみれば、近代化のはるかに前から、イスラーム法によっては十分に対処できない状況は、少しずつ出てきており、法の支配を内側から侵食していた。

こうした理屈によって、法の支配をめぐる疑問は氷解しただろうか。確かに、この議論には、一定の説得力がある。しかし、これによって、われわれが知りたいことがすべて説明され尽くしたわけではない。まだ、しこりのような「疑問の核」が残るのだ。何がその「核」なのかをはっきりさせておこう。

イスラーム圏における法の支配の崩壊に関して、われわれが疑問を覚えたのは、西洋キリスト教圏では、法の支配が維持されているからである。たとえば、アメリカ大統領は、世界一の権力者だと言われる。その通りだろう。しかし、自分の権力によって、憲法を恣意的に改変し、何十年もその地位に留まることができる、と考えたアメリカ大統領はいないはずだ。アメリカ大統領は、法の支配に服しているからである。

いくつかの事実が分かっている。西洋では、近代が始まる頃にはとっくに、法の支配が確立していた。そして、西洋では、近代化の過程を通じて、法の支配は維持されていた。さらに、西洋における「法の支配」の原則は、キリスト教と無関係に出てきたわけではない。まったく逆である。次章で少しばかりていねいに検討するが、西洋では、法の支配は、教会とキリスト教の主導のもとで確立し、普及したのである。この点がすこぶる重要である。

もし、宗教的な法の守備範囲の外部に属する事態が出現したことで、法の支配が切り崩されるのだとすれば、キリスト教が最も不利だったはずだ。キリスト教は、もともと、固有の法をもっていないからだ。つまり、法的な観点からすれば、キリスト教にとっては、本来、すべての社会現象が守備範囲の外にある。実際、法の支配は、キリスト教よりもイスラーム教においてはるかに早く確立された。イスラーム教のもとでは、法の支配は、最初から成り立っている。逆に、キリスト教にとっては、法の支配という概念は、もともと、まったくナンセンスだった。しかし、最終的には、そのキリスト教のもとで、近代以降も持続する、法の支配が確立されたのである。

宗教的な法の視野の外にある事態が次々と出てきたことによって、法の支配が崩壊するという論理に依拠したときには、西洋では、教会とキリスト教が主たる担い手となって、法の支配が整備されたという事実が、まったく説明できなくなってしまう。ここで、オスマン帝国のカーヌーン・ナーメのことを、もう一度、思い起こしておこう。カーヌーン・ナーメは、イスラーム法では対応できない事がらを規定するために、スルタンが定める世俗の法だった。「カーヌーン・ナーメ」という奇妙な名前は、西洋の〝Canon law（教会法）〟に由来している。イスラーム教の観点からすると、イスラーム教が被覆することができなかった領域は、キリスト教が狙いを定めた領域に見えるのだろう。イスラーム教の空白地帯に、キリスト教的な法が生み出されているのだ。いったい何が、どのような要因が、キリスト教のもとでの「法の支配」を可能にしたのであろうか。疑問の核はここにある。

ユダヤ教から離陸したとき、法をいったん廃棄したキリスト教のもとで、法の支配が確立し、逆に、ユダヤ教的な法を整備し、発展させたイスラーム教のもとでは、法の支配は崩壊してしまった。これは、まことに奇妙なねじれである。ねじれを構成する二つの側面――キリスト教のアスペクトとイスラーム教のアスペクト――が、同時に、同じひとつの論理の中で説明されなくてはならない。

1　イギリスの憲法学者アルバート・ヴェン・ダイシーが、一八八五年の著作（『憲法序説』）で、この概念を最初に実定法的観点から定義した。

2　アブドル＝ワッハーブ・ハッラーフ『イスラムの法――法源と理論』中村廣治郎訳、東京大学出版会、一九八四年。橋爪大三郎「イスラム教の言説戦略」『仏教の言説戦略』サンガ文庫、二〇一三年。

3　小杉泰『イスラームとは何か――その宗教・社会・文化』講談社現代新書、一九九四年、一三八―一三九頁。

4　井筒俊彦『イスラーム生誕』中公文庫、一九九〇年、一八〇―一九七頁。コーランには、次のようにある。「心愚鈍な者ならいざ知らず、そうでなくて何人が一体アブラハムの宗教を嫌悪しようか。アブラハムこそは、我ら〔神の一人称。複数形だがもちろん唯一〕自身がこの世で特に選んだ者。来世においてもまた正しき人の内に数えられるべき者」（二章一二四節、同書一八八頁より引用）。

5　たとえば、マックス・ヴェーバーは、いわゆるビスマルク憲法を近代的で合理的な国家の精髄を表現している、と賞賛している。ビスマルク憲法では、選挙で選ばれた立法府の権力は、皇帝によって監督され、制限されることになっていた。

6　たとえば、フランシス・フクヤマはその一人である。

7　Albert H. Lybyer, *The Government of the Ottoman Empire in the Time of Suleiman the Magnificent*, New York: AMS Press, 1978.

第5章　「法の支配」のアンチノミー

1　天命の支配

近代社会において標準とされている経済のシステムは資本主義である。同様に、近代社会において標準となっている政治のシステムは、法の支配を前提としている。どちらの誕生や発達にとっても、イスラーム教ほど有利な文化的環境はないように思える。イスラーム法は、商人にとっての公正性や規範と親和性が高い。これには、ムハンマド自身が商人だったことが、深い影響を与えているだろう。神《アッラー》は、徳を積むことを、自分への投資に喩えてさえいるのだ。とするならば、イスラーム圏でこそ、まずは、近代的な資本主義が生まれてしかるべきなのに、実際にはそうならず、西洋に対して大きく遅れをとってしまった。なぜだろうか。

もっと大きな謎は、前章から論じている「法の支配」の領域に現れる。法の支配とは、統治者も、法によって設定されている制限に積極的に従うべきである、とする原理である。イスラーム教の実質は、法にこそある。当然、神から与えられたイスラーム法は、政治権力をもつ者も、また経済的な富にめぐまれている者も、ひとしく遵守しなくてはならない。どんなに権力があっても、どんなに経済力をもっていても、イスラーム法を恣意的にねじ曲げたり、無視したりすることは許されない。とするならば、「法の支配」の原則にしたがった行動様式は、まずは、イスラーム圏で定着すべきではないか。ところが、この点でも、西洋キリスト教圏と比べて、イスラーム圏の諸国は順調とは言い難い。キリスト教は、そもそも、ユダヤ教にあった法(律法)を廃棄したところに成立したのだから、「法の支配」がイスラーム圏では挫折し、西洋のキリスト教圏では成功したのは、真の逆説だと言わざるをえまい。

いっそのこと、神の法、神から与えられた法などない方が近代的な「法の支配」は首尾よく機能するのではないか。そのような仮説を立てたくなるかもしれないが、その仮説は、中国の歴史を見ただけで、たちどころに棄却されてしまう。巨大な文明圏の中で、「法の支配の不在」という点で最も徹底しているのは、「神の法」という観念がなかった中国である。[*1] 中国では、皇帝は、恣意的に法を蹂躙することができた。皇帝の命令がそのまま法になった、と言ってもよい。現在でも、その状況は変わらない。「資本主義」に関しては、現代中国の「社会主義市場経済」(これ以上に「絶対矛盾」的な名前があるだろうか!)は優等生だと世評に高いが、法の支配は、中国では、ほとんど顧慮されていない。「皇帝」の地位に今日就いているのは、共産党である。現在の中国には「憲法」はあるが、その序言で、「中国共産党の指導を仰ぐ」と明記されており、法が皇帝=共産党の支配に服することを、法自体が容認している。「法家」というイデオロギーが、儒家とならぶ中国の統治の論理の柱として存在してきたではないか、と反論する向きもあるかもしれないが、「法家」の法は、法の支配とは関係がない。というより、法家のアイデアこそ、法の支配の最も露骨な否定である。中国史上、法家の統治法を最も忠実に実行に移したのは、始皇帝と毛沢東だろう(法家については、『東洋篇』第20章参照)。

ただし、中国史を全体として見れば、歴代王朝は、法の支配の理念をもたなかったにもかかわらず、それほど過酷な圧政をしいたわけではない。王朝や皇帝によってもちろんまちまちだが、農民たちの所有権は原則的には保たれていたし、また税率も一定限度を越えることはほとんどなかった。法の支配に対する機能的等価物があったからである。第一に、法家を牽制する儒家のイデオロギーがあったこと、第二に、皇帝の支配を規制する超越（論）的な条件として「天」があったこと、こうしたことが、「法の支配」に対して機能的に等価な役割を果たした。中国において儒教がなぜ支配的なイデオロギーになったのか、天がどのような論理から析出されたのか、については、『東洋篇』で詳しく論じているので、ここでは再論しない。「法の支配」の代替物という点で特に重要だったのは、天による皇帝権力の抑制である。皇帝は、天命がくだっていると解釈される限りでのみ正統な支配者と見なされた。天命は、明示的な声や成文化された命題として現れるわけではないので、法ではない。しかし、天命に従って皇帝が支配しているときには、自然的・社会的秩序が乱れることはないという想定があるので、皇帝は、極端な暴政に陥らぬように常に配慮せざるをえなかった。とりわけ、皇帝は、臣民から収奪している以上に臣民に与えている、という体裁を維持しなくてはならず、そのことが皇帝の権力を抑制した。*2

このように留保は付けられるが、中国には、西洋にあったような法の支配が確立しなかったことは確かだ。この違いを端的に示す事実をひとつだけ挙げるとすれば、「軍隊」のあり方の相違がわかりやすいだろう。よく知られているように、中世・近世ヨーロッパの君主の軍隊は、主として傭兵によって編制されていた。傭兵には、自国の領土の住民もいれば、外国人もいた。たとえば、スイス人の傭兵は強いということで名高く、フランスの王家等に重用された。それに対して、中国の皇帝や王は、傭兵など使わない。彼らは、自分の領土内の農民を強制的に徴兵したからである。

どうして、ヨーロッパの君主は徴兵できなかったのか。なぜ彼らは、わざわざ外国の暴力集団をカネで雇わなくてはならなかったのか。法の支配が、彼らの行動にある限界を画したからである。ヨーロッパの農民は、さまざまな封建的な法や義務に拘束されていたが、主に仕えていたのは地方の領主だったし、そもそも、彼らの義務の中に軍役は含まれていなかった。そのため、君主は、封建領主のもとにいた農民を勝手に動員することができなかったのはもちろん、自分の直轄領内の農民すら徴兵できなかったのである。[*3] 君主といえども、封建領主の権利を保護する法や農民の義務の範囲を規定する契約を無視することはできなかったのだ。これとは違って、中国の皇帝や王は自分の領土内の農民を徴兵できた。彼らは、法の支配にこだわる必要がなかったからである。[*4]

したがって、「神の法がなければ、法の支配が確立される」という仮説は、完全にまちがっている。神の法がなかった中国では、法の支配は致命的なまでに欠けていた。この論点をさらに補強してくれるのは、インドのケースである。中国に比べると、インドでは、法の支配は明確な効力を発揮している。実質的な統治者であるクシャトリヤ（武士や王）は、法やバラモン（祭司階層）によって承認されなくてはならず、勝手に法を改変することはできなかった。法が宗教（ヒンドゥー教）に根ざしているからである（『東洋篇』第12章[*5]）。

このような迂回路を経た上で、イスラーム教と西洋キリスト教とを対比させると、謎が際立って見えてくる。前者は、ユダヤ教以来の一神教の伝統の中で、法を緻密化し、厳格に維持しようとした。後者は、まったく逆に、法を無効化した。ところが、前者のもとでは、法の支配は失効したのに、後者のもとでは、法の支配は比較的順調に機能したのだ。これはまことに奇妙なことである。どうして、このような「逆転」が生じたのか。

2 「法の支配」のアンチノミー

前章での考察からここまでの議論は、ダイナミックに変化する社会において「法の支配」が成り立つためには、あるアンチノミー（二律背反）を解決しなくてはならないということを含意している。一方で、人は、必要や状況に応じて自由に法を創造したり、改変したりできなくてはならない。他方で、どんな有利な立場にあったとしても、人は、法に定められた規定に従わなくてはならない。要するに、人は法を変えることができなくてはならず、かつ、法を変えてはならないのだ。これは、まったく矛盾した要請であって、両方をともに満たすことはできないように思える。

当然のことながら、どちらか一方の条件だけが満たされている社会は存在し、そうした社会については、まったく謎はない。前者の条件、つまり人が法を創ったり、変えたりできるという条件だけを満たしている社会が、中国である。このような条件が成り立つときには、社会構造の上で最も有利なポジションを占めている者、つまり最も大きな権力をもつ者が、恣意的に法を制定することができるようになる。後者の条件が優越している社会の典型が、イスラーム文明である

（そしてインドもこちらに含まれる）。どちらのケースでも、法の支配は機能しない。法の支配が機能するためには、どうしても、あい対立する二つの条件がともに確保されていなくてはならないのだ。

社会哲学的な主題について、少しばかり論じておこう。経済学者フリードリヒ・ハイエクの「自生的秩序」の理論は、今日、広く支持されている。一般に、ハイエクは、ここに挙げた二つの条件のうち、前者を拒否し、後者を支持したと理解されている。確かにハイエクは、法や制度を創造することで、政府が望ましい社会秩序を上から合理的に実現できる、とするアイデア、設計主義のアイデアを批判した。望ましい秩序をもたらすことができるほど、社会の複雑な相互連関を理解している計画者は、どこにも存在しないからである。むしろ、自然発生的に生まれる社会秩序の方が望ましい、とハイエクは論ずる。

だが、ハイエクは、人間が勝手に包括的な法を創造することを許さないイスラームの社会のようなものを、称揚していたわけではない。また、彼の念頭にあったのは、プリミティヴな慣習法によってスタティックに固定していた社会でもない。ハイエクがモデルとしていたのは、市場での競争や進化論の世界である。ある個人が、自分の限定された知識を活用して、社会秩序に影響を与える。別の個人は、また別の知識から、社会秩序に影響を与える。それらは競合しつつ、有効な知識が生き延びて、最終的に最も望ましい社会秩序に漸近していく。これが、ハイエクの自生的秩序のビジョンである。

このようなビジョンの通りに事態が進行するためには、ここに述べたアンチノミーが解決されていなくてはならない。つまり、相互に背反的な条件がともに確保されていなくてはならないのだ。ある法が提起されたとき、人は、いったんはその法に拘束されなくてはならない。しかし、不都合があるときには、法を変えたり、廃棄したり、あらたに創造できたりしなくてはならない。この両面が成り立たなくては、ハイエクが思い描いているような秩序、競争の中でダイナミックに変化していく自生的秩序は出現しない。

つまりハイエクのいう「自生的秩序」は、その名に反して、人間の集団を放置し、相互作用にまかせていれば自然発生するような秩序ではないのだ。それは、きわめてまれな奇跡的な条件を前提にして成り立っている。ハイエクが具体的に念頭においていたのは——フランシス・フクヤマが述べていることだが——、この後に紹介する、イングランドのコモン・ローの世界である。

ヨーロッパで、法の支配が相対的にうまく機能したということは、アンチノミーが解決されていたということ、背反的な二条件が同時に成立していたということを示している。どうして、そんなことが可能だったのか。ヨーロッパで、法の支配がどのように始まったのか。その端緒だけ、駆け足で見ておこう。その際、二つの端緒を分けて考えるのが、法制史の常識になっている。一つは、今、ハイエクとの関連で言及したコモン・ローのケースであり、もう一つは、いわゆる大陸法のケースである。後者から先に論ずることにしよう。

3　解釈者革命、再び

ヨーロッパにおける、法の支配の起源にまで遡ると、われわれは、『中世篇』の守備範囲にまでたち返らなくてはならなくなる。実は、『中世篇』の最終章で、（西ヨーロッパ）大陸における「法の支配」の起源を画する、決定的な出来事について、すでに論じている。ピエール・ルジャンドルが「解釈者革命」と呼んだ出来事がそれである。この出来事の興味深い背景も含めて、あらためてここで紹介しておこう。

直接の背景になっているのは、「叙任権闘争」として知られている、ローマ教皇と神聖ローマ皇帝との間の角逐である。宗教的な権威と世俗の政治的権力との間の顕著な二元性は、ヨーロッパ中世の他に例を見ない特徴である。ローマ教皇グレゴリウス七世は、自らが思い描く教会改革のために、司教の叙任権を自らが獲得しなくてはならないと考えた。司教の叙任権は、神聖ローマ皇帝に所属していたのである。そこで、一〇七五年に、グレゴリウス七世は、司教の叙任権を神聖ローマ皇帝から剝奪し、教皇がこれをもつ、と一方的に宣言した。神聖ローマ皇帝ハインリヒ四世は、もちろんこれに激怒し、教皇を呪い、彼を廃位しようと試みた。だが、教皇側が彼の破門を宣言したために、ハインリヒ四世は、返り討ちにあってしまう。ハインリヒ四世にとっては予想外にも、司教たちはもちろんのこと、多くのドイツ諸侯が教皇側に立ったのである。ハインリヒ四世は、仕方なく、イタリア北部のカノッサ城に行き、そこに滞在していたグレゴリウス七世に赦しを請わなくてはならなかった。このとき、ハインリヒ四世は、哀れにも、裸足で、三日三晩、降雪の中、グレゴリウス七世を待ち続けなければならなかった、と伝えられている。世に言う「カノッサの屈辱」である。

このとき、教皇側は皇帝側に対して効果的な一撃を加えたわけだが、これだけでは勝負は付かなかった。つまり、司教の叙任権がどちらに属するかは決定しなかったのだ。その後、ハインリヒ四世が態勢を立て直して反撃し、グレゴリウス七世を追放して、対立教皇（クレメンス三世）を擁立したり、グレゴリウス七世が南イタリアのノルマン人王の助けを借りて救出されながら（市民が略奪者になったノルマン人に反感をもったこと等が原因となって）、結局ノルマン人とともにローマから逃げ出さなくてはならなくなったり……等々と、すったもんだの闘争は続いた。戦いは、グレゴリウス七世がサレルノで客死した後も継続した。最終的な決着は、一一二二年のヴォルムス協約で付けられた。この協約は、聖職者の叙任権という本来の闘争目的に着目すると、教皇側が勝ったと言えるような内容をもっている。司教の叙任権は、皇帝から教皇に移り、その代わりに、教会は、世俗のことがらに対する皇帝の権威を承認する、ということがヴォルムス協約である。

要するに、叙任権闘争は、ローマ教皇と神聖ローマ皇帝の間の戦争である。ところで、ローマ教皇は、どうやって戦ったのか。つまり、教皇は、どんな軍隊をもっていたのか。神聖ローマ皇帝は、世俗の支配者だから、当然、軍隊をもっている。ローマ教皇も、これに匹敵する軍隊をもっていたのだろうか。残念ながらローマ教皇には自前の軍隊はまったくなかった。だから教皇側は、彼らの側に正統性があると確信し、彼らのもとに軍隊を連れて馳せ参ずる王や諸侯を必要としていた。そのために、教皇側は、彼らの正統性の根拠となる法を見出そうとした。ここで、われわれは気づかなくてはならない。世俗の権力者が、何らかの法に教皇側の主張の正統性の根拠を見て、教皇側に付いたとすると、このとき、その世俗の権力者は、すでに法の支配に従っているのである。彼は、教皇の軍事力に威嚇されたわけではないのだから（教皇の方にはいかなる軍事的な裏付けもなく、むしろ、軍事力の点では世俗の権力者の方が強い）。*6

教皇庁の、法のこうした探究の中で、解釈者革命の端緒となる出来事が起きる。一一世紀末、イタリア北部ピサの図書館で、「ユスティニアヌス法典」、別名「ローマ法大全 Corpus Iuris (Juris) Civilis, Body of Civil Law」が発見されたのだ。この出来事は、軍隊の動員ということをはるかに越えた意義、法の支配の全般を基礎づける運動の起点としての意義を担うことになった。

＊

ユスティニアヌス法典は、六世紀のビザンツ皇帝ユスティニアヌス一世の命令で編纂され、公布された法典である。全体が四部からなり、きわめて洗練されている。四部の中で最も重要なのが、身分関係、不法行為、不当利益、契約、賠償問題等をあつかった「学説《がくせつ》彙纂《いさん》 Digesta, Pandectae」で、ここには、「古法学者」と呼ばれる四十名の重要な学者の学説がまとめられている。この学説彙纂が、一二世紀のヨーロッパにおいて、法学者の徹底した解釈の対象となった。

ローマ法のこうした復活と並行して、法学が、新たな学問分野として確立した。今日に連なる大学が誕生したのは、このときである。ボローニャ大学が、最初の大学で、ヨーロッパ各地から数千人の学生が集まり、熱心に学説彙纂の講義などを聴いたという。パリやオックスフォードやハイデルベルクなどのヨーロッパの他の大学にも、法学部が設置された。それらの大学に集まった学生たちは、市民法の知識をもって故郷に帰り、それぞれの社会の法のモデルとして、これを活用した。

解釈者革命は、二段階で進行する。まずローマ法大全の発見直後の最初の世代は、「注釈者

glossator」と呼ばれており、彼らは、簡単に言えば、ローマ法そのものを再構築することに力を注いだ。より後の世代は、もっと過去にまで、たとえば古代ギリシアにまでさかのぼって法の根拠を探りあてようとした。この後の世代の中には、たとえばトマス・アクィナスも含まれる。また、法の根拠の中で、最も重要な源泉は、もちろん、アリストテレスだった。こうして、古代の原典に通じた、法律の専門家が生み出され、教会も、また世俗の権力者も、政治的な決定をくだすにあたっては、こうした法律の専門家の知識に頼ることになった。

市民法(大陸法、ローマ法)におけるこうした動きと対応するように、教会法も整備された。かつては、つまりグレゴリウス七世の教会改革の前は、教会法とは、教会から——あるいは教会の代わりに王や皇帝から——発せられる布告や文書のことを指していて、それらは、無政府的で、相互の間の調和や整合性について、十分に考え抜かれていなかった。だが、ローマ法の研究が進むにつれ、聖職者の中にも、法の専門家が増えてきた。そのような専門家の一人、修道士のヨハネス・グラティアヌスは、それまでの何世紀にもわたって発せられてきた布告を集め、矛盾を取り除き、整合的な体系にまとめあげた。その成果が、一一四〇年ごろに、『矛盾教会法令調和集 *Concordia discordantium canonum, Concordance of Discordant Canons*』(別名、『グラティアヌス教令集 *Decretum Gratiani*』)として出版された。グラティアヌスは、法に、神定法/自然法/実定法/慣習法という序列を与え、この順序が、法令の間の矛盾を解消するもっとも重要な根拠となった。次のおよそ百年の間に、教会法は、さらに拡大し、さまざまな主題、つまり刑罰、家族、所有権、契約、遺言などの主題を含むものに、つまり一般の刑法や民法と言ってもよいようなものになっていった。

＊

このような市民法や教会法が、領土国家の法のモデルになり、また法的な制度の構築を促し、法の支配の原則を確立する。と、ここまでは、教科書に載っているようなことをまとめただけだが、こうしてふりかえってみると奇妙ではないだろうか。いくつも疑問が出てこないか。たとえば、どうして、ローマ法の解釈というかたちで、法がまずは整備されたのか。法が必要ならば、最初から、直接、法を創造したらよいではないか。また、どうして、こうした作業をキリスト教会が先導したのか。こうして整備された市民法や教会法の正統性の根拠はどこにあるのか。ユスティニアヌス法典は、考えてみれば、聖書や神の啓示とは、何の関係もない。さらに言えば、そもそも、キリストは、律法を廃棄するためにやってきたのに、なぜ、わざわざ、教会が率先して、かつての律法の代替物のようなものを提供しているのか。

前章で紹介したイスラーム法の法源と対比してみると、疑問はさらに先鋭なものとなろう。イスラーム法の場合には、神の使徒（ムハンマド）への啓示に、直接的・間接的に関係づけられることによって、妥当性を確保していた。いくつもの法源は、神の啓示に結びつけるための必死の努力の産物である。神の言葉に源泉をもっていることだけが、法の正統性を担保しているからである。

これと、中世のキリスト教会とその周辺で起きたこととを比べてみるとよい。ヨーロッパ中世では、神の啓示に遡及して、法を基礎づけようとする努力はなされていない。繰り返し強調しておけば、ユスティニアヌス法典もギリシアの古典も、神の言葉を記したものではない。しかし、どうせ神の言葉と関係がないのであれば、中国の皇帝のように、自分の都合のよいことを命令し、法としてしまえばよいように思うのだが、そうはならないところが重要である。それでは、何がなされていると見なせばよいのか。

次のように説明するとよいだろう。イスラーム法学者の場合は、法的な判断を、明確に特定された原点、つまり使徒に啓示された神の言葉Aへと結びつけようとする。その結びつきが確証できるときに、それは法として承認される。カトリック圏の法の専門家たちも、これと似た努力をしている。自分たちが法と見なしたい判断を、はるかな過去の原点へと結びつけようとしている――それが「解釈」という形態をとる――のだ。が、その原点は、必ずしも、神やキリストとは関係がなく、誰ともどこことも特定できない不定のXのままである、と見なしたらどうだろうか。イスラーム法の根拠となっているのが、特定値Aであるとすれば、中世カトリックの法の根拠は、変数Xである。変数Xは、さまざまな値をとりうる。だから、実質的には、中世の法の専門家は、変数Xにさまざまな値を代入するかのように、自在に多様な内容をもった法を創造することができたのである。

このような類比を仮説として得ることができるのだが、これをさらに補強するためには、ヨーロッパの「法の支配」のもう一つの系譜、イングランドのコモン・ローを見ておく必要がある。

4 コモン・ローの「コモン」

西ローマ帝国が滅亡した後のイングランドは、アングル族、サクソン族、ジュート族、ケルト族等々によって構成された部族社会だった（この点は、大陸も同じで、ゲルマン系の諸部族が暮らしていた）。王たちも、イングランドのような領地の全体の王とは自分を見ておらず、たとえばケルト族の王等々という自己認識をもっていた。イングランドでの大きな変化の種は、やはり、キリスト教によって播かれたと言ってよいだろう。ブリテン島に最初にキリスト教を伝道したのは、ローマの聖アンドレアス修道院院長だった聖アウグスティヌス（後に初代カンタベリー大司教になる）で、それは六世紀末のことであった。

キリスト教は、ゲルマンの諸部族の規範意識を徐々に侵食し、変容させていった。たとえば、部族がロールモデルにするのは、戦争や血讐で勇敢に戦う戦士だが、キリスト教のヒーローは、平和を愛する聖人や信仰のための殉教者である。キリスト教の観点からは万人は平等だが、部族社会は、名誉や威信の格差を重視する。そして、キリスト教によって最も大きく変化したことは、人々の所属意識の対象が、部族から、信仰にもとづく普遍的共同体になったことだ。もちろん、こうした言い方は、誇張と単純化を含んだものだが、いずれにせよ、キリスト教によって、部族を越えた共同体に人々の忠誠心が向かうようになった。

こうした基盤が準備されているところに、コモン・ローが導入される。コモン・ローを慣習法の大きなもののように考えてはならない。慣習法とコモン・ローの間には断絶がある。コモン・

ローの確立には、中央集権的な王国としてのイングランドの成立が深くあずかっている。コモン・ローへの最後の飛躍は、一〇六六年のいわゆるノルマン・コンクエストである。ノルマン・コンクエストは、ドーバー海峡を渡ってやってきたノルマンディー公ギョーム二世が、デーン人やアングロ・サクソン人の諸侯を追い出し、イングランドを征服した出来事である。統一王国としてのイングランドが、ここにはじめて成立した。

コモン・ローは、王が主宰する裁判所から生まれる。ノルマン朝の王たちは、首都に鎮座して統治したわけではない。彼らは、ほぼ一生の間、国土を旅してまわった。そうやって、小さな村や荘園の中にとじこもって生きている一般の臣民に接触しなければ、彼らに王の存在を実感させ、王に忠誠心をもたせることができなかったからである。

旅先で王が果たすべき最も重要な任務は、そこで、控訴裁判を開くことだった。それぞれの地域にも、領主が主宰するローカルな裁判所があったのだが、臣民は、しばしば、ローカルな裁判所の判決に不満をもっていた。そのとき、王が控訴裁判の責任者になったのである。この控訴裁判は、王にとって、いくつもの利得があった。まずは、王は手数料を得たが、利得はこれに尽きない。裁判は、王自身の権力が及ぶ範囲を実質的に拡張していることになる。臣民が、控訴裁判に訴えてくるという事実自体が、王の威信を高めた。まして、ローカルな裁判所の判決を覆すようなことになれば、王との対比で、領主の権威を引き下げることにもなった。コモン・ローの起源は、この王の裁判所の判決である。

しかし、王が管轄する控訴裁判所が実効性をもつためには、まず、臣民が、ローカルな裁判所よりも、王の裁判所の方を選好しなくてはならない。そのためには、王の裁判所の判決の方が、より公正で妥当だと、臣民が見なすようになる必要がある。実際、王は努力によって、臣民からのこうした評価を獲得することに成功した。やがて、国王の裁判所は、拡大し、複雑になっていく。判例などの知識に精通した法の専門家も育てられる。そうなると、程なく王自身が直接に判決をくだすのではなく、法の専門家たちが判事として、各地に派遣され、裁判を仕切るようになる。一三世紀初頭には、ローカルな裁判所の自律性は完全に失われてしまう。つまり、国内の世俗的な問題に関して、司法権は国王に帰属するものとされ、ローカルな裁判所は、下級裁判所として意味づけられるようになったのだ。とりわけ、農民・農奴と領主の間の土地をめぐる紛争に関しては、領主の裁判所は裁判権を完全に喪失する。土地の紛争を領主が裁くのは、一方の紛争当事者が判決をくだしていることになるからだ。

ここで、何が、臣民にとって「公正」だと感じられたのかを考えておく必要がある。先に述べたように、キリスト教が浸透するにつれ、部族やローカルな村落にだけ通用するような規範は、説得力を失いつつあった。キリスト教が準拠しているような、広い世界での妥当性を目指すことが、「公正性」の感覚を支える上での最も重要な要素だったはずだ。コモン・ローがまさに「コモン（共通の）」と呼ばれる理由も、この点に関連している。コモン・ローの判決は、共時的にも通時的にも特殊主義的な限界を越えていると見なされているのだ。共時的には、コモン・ローは、多数の相互に矛盾する部族の慣習法とは違って、各地に共通するものでなくてはならなかった。通時的には、特定事例の判決が、その後の係争にも適用され、以降のすべての事例を拘束した。

さて、理解すべき最も肝心なポイントは、イングランド王と中国の皇帝との違いはどこにあるのか、ということである。イングランド法制史研究の大家フレデリック・メイトランドがフレデリック・ポロックとの共著の中で、次のような趣旨のことを述べている。王に司法権が属していたとしても、自分自身が法に優越していると思うようなイングランド王は絶対にいなかったのだ、と。[*7] しかし、最初の節で述べたように、中国の皇帝にはこれはあてはまらない。

どうして、このような相違が出るのか。その原因は、宗教、つまりカトリックにあるというのが、メイトランドが示唆していることである。イングランド王が見出すコモン・ローとは、結局、カトリック教会のコモン・ローである。外から見ると、王は、判決を通じて法を創造しているように見えるのだが、王の主観的な観点からは、先在しているカトリック教会のコモン・ローを探り当てているだけである。王自身によっても、臣民によっても、まさにカトリック教会のコモン・ローに合致している(はずだ)と見なされる判決でなくては、公正なものとして受け取られない。王は、カトリック教会のコモン・ローを自分が変えられるとはゆめ思ってはいない。実際、王自身が、いったん成立したコモン・ローに縛られることになる。

5　解読できない聖典／紛失した聖典

西洋における「法の支配」の二つの系譜の起源を、比較してみた。事実過程としては、まったく異なっている。しかし、両者で同じ論理が作用している。どういうことか。イングランド王は、カトリック教会のコモン・ローを「発見」するのだ、と述べた。しかし、新約聖書にはいかなる律法も規定されてはいないのだから、それは不定の変数Ｘとして存在しているとしか言いようがあるまい。王の裁判所の判決は、このＸに特定値を代入する作業であった、と言うことができる。これは、先に述べたように、大陸法の専門家が「解釈」という方法で試みていることと同じ操作である。

「法の支配」のアンチノミーについては、次のように整理することができる。不定のＸとしての法は、神に由来しており、どのような人間をも超越している。つまり、特定の内容をもたない「形式としての法」は、すべての人間を支配している。だが、法が現実に効力をもつためには、そのＸに、ａ、ｂ、ｃ……といった特定の値が、つまり内容が充塡されなくてはならない。人間は、しかるべき手続きによって、法に内容を与える。「内容」に着眼すれば、今度は、人間が法を自由に創造していると見なすこともできる。法を「形式」として見るのか、「内容」として捉えるのかで、背反する命題が導かれるのだ。

イスラーム教のもとでは、法の支配が順調に機能しなかった理由を、ここまでの議論で用いた装置を使って説明すれば、次のようになる。イスラーム教では、変数と特定値、形式としての法と内容としての法という区別がなかったからだ、と。この区別は、キリスト教によって導入された。本章での議論は、そのような含意をもつ。

が、厳密には、この説明は、まだ不十分である。つまり、「キリスト教」とひとくくりにするわけにはいかないのだ。というのも、同じキリスト教圏でも、東方キリスト教のもとでは、つまり正教が支配していた地域では、法の支配の原則は、確立されなかったからである。したがって、重要なことは、キリスト教の「東」と「西」を分ける特徴にあったはずだ。東のキリスト教

（正教）と西のキリスト教（カトリック）の最も重要な違いはどこにあるのか。『中世篇』の第1章が、この主題に充てられている。三位一体の三つの位格、つまり「父なる神」「子なるキリスト」「聖霊」の間の関係の捉え方に、東と西では違いがあるのだ。正教では、「子なるキリスト」を「父なる神」の優位の下におく。カトリックでは、両者はまったく対等である。つまり、「子なるキリスト」の価値が、カトリックではよりいっそう大きく、「父なる神」と完全に等しくなる。このことが、本章で論じてきたこと、つまり法の支配という現象にどのように効いているのだろうか。この問題は、後の考察にゆだねることにしよう。

本章の最後に、ゲルショム・ショーレムとヴァルター・ベンヤミンが往復書簡を通じて論争しているある話題にふれておこう。それが、ここまでの説明の寓話的な解題になっているからである。と同時に、まだ論じていない転回への暗示をも含んでいるからだ。二人は、カフカの『審判』について議論している。つまり、往復書簡で、二人は裁判＝法の本質について語り合っているのだ。その中で、学生が聖典（コーランのような神の法が書き込まれたテクストだと思えばよい）を紛失したケースと、学生が聖典を解読できないケースとでは、どのような違いがあるのか、ということが問題になる。[*8]

ベンヤミンは、二つのケースは、「結局は同じこと」に帰着する、と書いている。これに、ショーレムは激しく反発している。彼は、二つを同一視することは「陥りうる誤りのなかでも最大のもの」とまで書いて、友人を強く批判しているのだ。暗号のような聖典があっても、どうせ読めないのだから、失くしてしまったのと同じことではないか。何が違うというのか。これに対してショーレムが言いたいことは、次のようなことである。聖典を解読できない学生は、確かに、その聖典の内容にはアクセスできない。しかし、内容的に不定の聖典に、彼は魅惑されており、その限りで、彼は聖典の効力の中にある。聖典を失くしてしまって、聖典への関心を失ってしまっている学生とは、ここが違っている。

この章で西洋の「法の支配」ということに関して論じてきたことは、西洋中世のカトリック世界が、この聖典を解読できない学生に喩えられる、という含意をもつ。たとえば解釈者革命は、この学生が必死になって解読しようと奮闘している状態に比定することができる。

だが、結局つきつめてしまえば、聖典を解読できない学生は、それを紛失した学生と同じことになる、というベンヤミンの身も蓋もない断定は、不気味な暗示を含んでいる。ベンヤミンの断定で重要なのは、「結局は」という部分である。さしあたっては、両者は区別できる。しかし、最終的には同じことになってしまう、とベンヤミンは考えている。どうしてだろうか。この喩えでは明示されていない「子なるキリスト」に対応する要素が介入すること、これが鍵である。

1　この点については、フランシス・フクヤマがていねいに論じている。『政治の起源』下、会田弘継訳、講談社、二〇一三年（原著二〇一一年）、第二十章、第二十一章。

2　大帝国だった明が滅ぼされ、清にとって替わられた原因は、この点に関連している。一七世紀の前半、北方の満洲族が、明への侵入を繰り返していた。明としては、この脅威に対抗するために、兵力を増強しなければならなかった。だが、明は、そのために必要な戦費を準備できなかった。十分に増税できなかったからである。それどころか皇帝は、滞納者の納税義務の免除まで宣言しなくてはならなくなるていたらくだった。きちんとした兵站《へいたん》のシステムを整備できず、兵士たちを満足に食べさせることができなかった明は、結局、李自成の反乱と、その後に侵略してきた満洲軍によって息の根をとめられた。
3　ヨーロッパで徴兵による大規模な軍隊が形成されたのは、一八世紀になってからである。しかも、徴兵軍が、国力のほんとうの基礎になったのは、フランス革命時の「国民軍」、国民総動員の原則のもとに召集された軍隊が最初だとされている（Victoria Tin-bor Hui, *War and State Formation in Ancient China and Early Modern Europe*, New York: Cambridge University Press, 2005)。近代ヨーロッパの徴兵を可能にした要因は、古代の中国の君主や皇帝が徴兵できた理由とは別のところにある。つまり、近代のヨーロッパの君主や政府が、突然、法の支配を無視し始めたわけではない。新たな要因が出現したのだ。その新たな要因とは「ナショナリズム」である。この点については、以下を参照。大澤真幸『ナショナリズムの由来』講談社、二〇〇七年。
4　それに対して、第3章で論じたように、イスラームの諸帝国では、しばしば、遠隔地から誘拐してきた奴隷によって編制された軍隊が重要な役割を果たした。だから、兵士に関しては、自国内の農民を徴集した中国、他国の住民を徴集（拉致）したイスラーム圏、そして自国・他国の希望者を雇ったヨーロッパの君主という違いがある。現在のわれわれの目に最も異様なものに映るのは、イスラームのケースだろう。また、三つの中で、最も弱そうなのもイスラームの奴隷軍だろう。なぜ、イスラームでこのような奇妙な軍隊が作られたのか、しかも、その軍隊がヨーロッパの人々を震え上がらせるほど強かったのはどうしてなのか、それらの問題については後に説明しよう。
5　この点に関して、日本はどうなのか。当然、読者はこのような疑問をもつだろう。まだ日本について本格的に論ずる段取りではないので、詳述はしないが、法の支配か人の支配かという二分法を用いれば、日本は、伝統的に人の支配が優位な社会である。ただ、その「人」が独特の形態をとっている。つまり、それは、中国の皇帝のような、政治権力の頂点に立つ人物や機関ではない。日本における「人の支配」の「人」は、日本人が日常的に用いている語彙で表現すれば、「空気」という形態をとるのだ。日本では、空気が法よりも上位にある（山本七平『「空気」の研究』文藝春秋、一九七七年)。ここで、われわれは、本来の意味における「法の支配」――前章で法の支配の「第二の意味」と述べたこと――に基づいて論じている。しかし、日本では、そもそも、第一の意味における法の支配――日常生活における法的規範の厳密な遵守――がしばしば危うくなる。空気と法が矛盾するときには、前者が優先されるからである。ちなみに、小室直樹は、キリスト教や仏教、儒教など多くの「世界宗教」が日本に流入し、それほど多くはないとはいえ信者を獲得したが、イスラーム教だけは、まったく日本で受け入れられなかったのはどうしてなのかという問題を設定し、その原因は、日本人が（イスラーム教の根幹にある）「法」という観念に強い拒絶反応を示したことにある、と論じている（『日本人のためのイスラム原論』集英社インターナショナル、二〇〇二年）。法をキャンセルしたキリスト教は、それでもまだ、日本人には受け入れ可能だった。さらに言えば、仏教も儒教も、「法」としてのアスペクトは完全に骨抜きにされた上で、日本では受容されている。ただ、イスラーム教だけは、「法」の部分を消去することが、イスラーム教そのものを消し去ることを意味するので、結局、まったく日本人には受容できなかった。この事実は、イスラーム教の本質が「法」にあるということを、間接的に示してもいる。

6　第二次世界大戦中に、スターリンがチャーチルに「ローマ教皇は何個師団をもっているのか」と尋ねた、という有名な逸話がある。この逸話が真実だとすれば、スターリンは、ローマ教皇の力の裏付けが「法の支配」にあることをよく理解できなかった、ということになる。一体、軍隊をもたない者に誰が従うというのか。これがスターリンの考えだったのである。

7　Sir Frederick Pollock and Frederic William Maitland, *The History of English Law before the Time of Edward I*, Cambridge: Cambridge University Press, 1923, p. 182.

8　ゲルショム・ショーレム編『ベンヤミン-ショーレム往復書簡　1933-1940』山本尤訳、法政大学出版局、一九九〇年（原著一九八〇年）。

第6章　人間に似た神のあいまいな確信

1　申命記改革の反復の反復

きわめて厳格な「神の法」をもっているイスラーム教の文化圏で、後年、つまり近代に入って「法の支配」が確立されず、同じ一神教でも、いったんは法を棄却した西洋キリスト教の文化圏で、典型的な「法の支配」が成立したのはなぜなのか？　われわれは、目下、イスラーム圏の歴史について考察しているが、「法の支配」をめぐるこうしたねじれに関する問いに対して、アウトライン的な回答を与えるために、本章では、キリスト教について、あらためて論じておこう。このことが、翻ってイスラーム教の特徴を浮上させることにもなるからだ。あるいは——同じことだが——、こうした論述を通じて、イスラーム教が視野に入っていなかったときには主題化できなかったキリスト教の特異性を明示することができるからだ。

ただし、最初にことわっておく。ここで論ずることは、キリスト教圏で「法の支配」をいちはやく成立させるのに与《あずか》った、ひとつの必要条件でしかない。「法の支配」をもたらした原因を必要かつ十分に挙げるためには、たとえば、西洋の中世後期から近世にかけて徐々に整えられてきたある種のデモクラシーを、つまり代表デモクラシーのことを考慮に入れなくてはならないが、今は、まだそうしたことを論ずる段階ではない。ここでは、まず、キリスト教とイスラーム教の後の運命を決定的に分けることになった、ひとつの契機にだけ注目する。もっとも、この契機は、西洋で後に、代表デモクラシーという――現在では当たり前のように思われているが当時の世界ではきわめて独特の――統治のシステムを生み出した遠因の一つではある。

　さて、前章でわれわれは、西洋の解釈者革命の始点に置かれた、ある発見にあらためて言及した。それは、イタリアのピサの図書館に、何百年もひっそりと、誰にも気づかれずに置かれていた。発見されたのは、ユスティニアヌス法典（ローマ法大全）である。「法の支配」というときの「法」は、まずは、このテクストの解釈を通じて得られたのだ。ユスティニアヌス法典が直接に影響を与えたのは、大陸法であり、イングランドのコモン・ローは、これとは別系列に属する。だが、コモン・ローもまた、まさに法として「発見」されるという体裁を取っているのであり、系譜は違っても、それが承認されるときの形式的な態度に関していえば、大陸法の場合と、つまりユスティニアヌス法典を経由しているケースと異ならない。

　突然、はるかな過去の、権威あるテクストが見つかり、それを根拠にして大規模な変革が遂行される。ユダヤ－キリスト教の歴史には、このパターンの原型とも見なすべき出来事がある。キリストの出現よりも六百年以上も前のことだ。ユダ王国のヨシヤ王のときの「申命記改革」である。発端は、旧約聖書の「列王記下」にくわしく記されている。ヨシヤ王の第十八年（前六二二年）に、王は、ヤハウェの神殿の修理を命じた。この神殿修理に際して、偶然にも、驚くべき書物が発見された。「律法の書」、つまりヤハウェとのかつての契約の内容を記した書物である。その書物を読み聞かされた王は驚き、そして嘆きのあまり「衣を裂いた」とされている。その「律法の書」に書かれていたことの多くが、当時のユダヤ人によって遵守されてはおらず、忘れられていたと知ったからである。このとき見出されたテクストが、現在の旧約聖書に収められている「申命記」の中核部分で、「原申命記」と呼ばれている。[*1]王は、「原申命記」を「基本法」とするような「新体制」を樹立した。

このように、重要な過去のテクストが見出され、それによって革命が遂行されたという点で、解釈者革命は、申命記改革をまるでなぞっているかのようである。もっとも、解釈者革命においては、ユスティニアヌス法典が、どうしてキリスト教会にとって権威あるものとして受け取られたのか、不可解ではある（前章で指摘したように、この法典は、キリスト教と関係ないのだから）。この点では、申命記改革には、不明な点はない。見出されたテクストには、神の言葉が記されているのだから。イスラーム教においてコーランが自明の権威をもつのと同じである。

いずれにせよ、まず確認すべき要点は、解釈者革命は、旧約聖書に記された最大の「革命」、つまり申命記改革の（無意識の）反復だということである。実のところ、西洋におけるすべての革命は、申命記改革の反復だったと見なすこともできなくはない。実際、山本七平は、そのように論じている。[*2]というのも、次のような関係になっているからである。イエス・キリストの運動が、西洋における革命の原点であり、それらの革命がすべて、半ば意識的に、半ば無意識のうちにキリストの活動を反復していたということについては、異論はあるまい。キリストは、神との「古い契約（旧約）」を「新しい契約（新約）」に置き換えた、と解釈されている。このイエス・キリストの革命には、モデルがあり、彼は、そのモデルを模倣し、拡大していた。そのモデルこそ、ほかならぬ申命記改革である。したがって、西洋の革命はすべて、申命記改革の反復、いや厳密には「反復（イエス・キリスト）の反復」である。ともあれ、ここでは、西洋の革命のすべてを視野に入れる必要はない。さしあたって、解釈者革命が、申命記改革と同じ形式をもっている、ということさえ確認しておけば十分だ。

＊

その申命記改革について、もう少しだけ事実を確認しておこう。当時、ユダ王国は、アッシリア帝国に臣従しており、半属国的な状態だった。中国的な用語を用いるならば、ユダ王国は、アッシリアへの朝貢国のようなものである。アッシリアは、ユダ王国を含む配下の諸国に、従属関係の証として——別の言い方をすれば友好関係の証として——、自分たちの神の像を置き、その祭儀を執り行わせた。中華帝国が、朝貢国に、正朔《せいさく》（正式の暦）の使用を義務づけた（許可した）のと同じである。しかし、ユダヤ教の観点からすると、アッシリアの神のための祭儀は、偶像崇拝以外の何ものでもない。

申命記改革は、こうした中で着手された。そもそも、ヤハウェの神殿の修復工事自体が、アッシリアへの反抗、アッシリアからの独立を意図している。神殿が老朽化したという理由から、工事が着手されたわけではない。アッシリアの神像を拒否し、ヤハウェに回帰することの明白な意志表示として、神殿の工事が命じられているのだ。この頃、アッシリア帝国は、ピークを過ぎ、衰退期・解体期に入っていた。ヨシヤ王は、おそらく、こうした状況を見ていたのではないか。

このまさに幸運なタイミングで、ユダヤ教の原点回帰のために必要な書物が発見された。敵との抗争の中で、自陣営の結束や規律にとってきわめて有効なテクストが見つかる、という点でも、申命記改革と解釈者革命は同じである。ユスティニアヌス法典は、教皇庁が神聖ローマ皇帝との戦いの中で、どうしても欲していたテクストであった。

ユスティニアヌス法典に関して言えば、もちろん、そのようなテクストが実際に存在していたのだが、申命記改革においては、ほんとうは、運よく、テクストが見つかったわけではない。「原申命記」の発見は、率直に言えば、「ヤラセ」である。ヨシヤ王自身の命令によるのか、あるいは王の意志を推し測ったからなのか、学者的な人々が神殿の中で「律法の書」を編纂し、それを見つかるように隠しておいたのだろう。その学者的な人々は、祭司であるとも、王の書記たちであるとも言われているが、正確にはわからない。

いずれにせよ、留意すべきは次のことである。ヤラセであったとしても、古い「律法の書」が発見されたという体裁にしなくては、そのテクストが法としての効力を発揮できなかったのだ。少なくとも、王自身や、あるいは編纂者たちは、このテクストが捏造されたものだとわかっているのだから、わざわざこんな手のこんだ方法で民衆を騙さなくても、ヨシヤ王が制定した新法として公布したらどうなのか。現代のわれわれはこのように言いたくなるが、しかし、そうはいかないのだ。これこそ、まさに「法の支配」というものである。ヨシヤ王自身もまた、法に従っていることを示さなくてはならないのだ。中国の皇帝なら、臣下に嘘をつく必要を感じなかっただろう。彼は、側近の官僚に手伝わせて作成した法を直接に公布し、実効的なものにすることができたに違いない。

「原申命記」は、文字通りに遵守されたのだろうか。いくつかの条項は、確実に守られただろう。食物規定とか、過越《すぎこ》しの祭の励行とか、罪が家族や親族に波及することを禁止する条項な[*3]

ど、多くの規定が、今日でもイスラエルでは実行されていることから判断しても、このことは間違いない。[*4] だが、ほんとうに遵守されたのか疑わしい条項も含まれている。[*5]

では、偶像崇拝を強要する大帝国の属国のような状況から脱する、という真の目的に照らしたとき、申命記改革は成功したと言えるだろうか。結論的に言えば、そして客観的に見れば、改革は、悲惨なまでの失敗だった。アッシリア帝国は、新興のバビロニア等によって、ユダヤ人とは無関係に滅ぼされたが、結局、ユダ王国は、エジプトの支配を受けることになったからだ。改革の先頭に立ったヨシヤ王も、エジプトとの戦いの中で死亡した。神との契約は、一種の安全保障条約なので、第三者の目には、これは神の裏切り、神の約束違反に見えるのだが、[*6] ユダヤ人自身は、そのようには考えない。いつものように――とそのように言うほかないのだが――、期待はずれの敗北や苦難に直面しても、そのことでなおいっそうユダヤ人の信仰は強化されたのである。

2　「消失する媒介」としてのキリスト

整理しよう。解釈者革命は、申命記改革と同じ形式をとっており、その反復と見なすことができる。申命記改革においては、神の言葉Aである「原申命記」が、直接の正統性をもち、言わば超越論的な条件として機能している。人間を超越した神に帰属する言葉であるがゆえに、地上の支配者もこれに従わなくてはならない。つまり「法の支配」である。とはいえ、この「法」は、神の意志に帰せられるものに限定される。すぐに気づくだろう。イスラーム教は、まさにこの状況にある。

解釈者革命では、しかし、ここからある変移が生じている。神の言葉Aの位置に、神とは直接には関係がない古典的なテクストｊが入るのだ。しかし、法的判断の自由度を拘束する、神という固定因子から解放されているとすれば、この位置に入ることが許されているテクストは、もはや一つではない。つまり、このｊの位置に、さらに、多くのテクストが入ることができるはずだ。実際、中世ヨーロッパの大陸法の展開は、まさに、そうしたことであった。さらに、このｊの位置に、必ずしもテクストとして既存していない、法的・規範的な規定が入りうるまでに自由になったらどうだろうか。実際、イングランドのコモン・ローは、そうした状況である。

コモン・ローは、それでも、すでに存在している法の発見という体裁をとる。だが、コモン・ローが新たな判例として成立する過程は、実質的には、法の創造である。そこで、ｊの位置に、人間が（何らかの方法に基づいて）自由に創造した法が、つまり実定法が入り、それを規制する上位の法や条件がまったくない段階にまで至ったらどうであろうか。ここまで来れば、完全に、近代的な意味での「法の支配」が成立していることになる。

前章で述べたように、「法の支配」が成り立つためには、アンチノミーが解決していなくてはならない。一方で、人は自由に法を創造できなくてはならない（人が法を支配している）。他方で、任意の状況で、人は法に拘束されなくてはならない（法が人を支配している）。前者だけがあるのが、中国であり、後者だけがあるのが、イスラーム圏である。どんなときに、これら対立する二条件がともに確保されるのか。

ここまでの考察が含意していることは、法的判断の超越論的な根拠となる言説が、

A（神の言葉）→ j（一般のテクスト）（1）

と転換したときに、決定的な飛躍が生じている、ということだ。問題は、この飛躍はいかにして可能だったのか、ということにある。なぜ、（ユダヤ－）キリスト教圏で（のみ）、この飛躍が実現したのだろうか。

ヒントになることは、すでに前章で論じてある。あるいは、前節で述べたことが手がかりを与える。「A→j」という転換は、一足飛びには生じていない。間に媒介項が入るのだ。媒介項とは、もちろん、イエス・キリストである。先に述べたように、キリスト自身が、申命記改革（Aに対応）をモデルにしていたと考えられる。キリストの事績を通じて、神が契約を更新した、とクリスチャンは解釈する。つまり「旧約（古い契約）」から「新約（新しい契約）」へと置き換わった、と。契約の更新は、旧約との単純な断絶を意味しているわけではない。更改は、古い契約に基づいているからである。キリスト自身は、「旧約」「新約」という語彙を使ってはいない。これらの語によって、キリストの行いを理解したのは、パウロである。だが、この解釈は、旧約聖書の伝統の上に立っているので、パウロとしては、とりたてて独創的なことを言ったつもりはなかっただろう。*7

旧約から新約への転換を、目下の論脈の中で、どのように解釈すればよいのか。キリストは、ユダヤ教の律法を、まさに成就することにおいて廃棄したのであった。このことを、比喩的に次のように考えてみよう。申命記改革では、発見されたテクストには、多くの律法の規定が書かれていたのだった。では、もし、その「発見されたテクスト」に何も書かれておらず、それが白紙

だったとしたらどうだろうか。あるいは、「発見されたテクスト」に書かれていることが、まったく読めなかったとしたらどうだろうか。律法の成就＝廃棄とは、まさにこうしたことに比定することができるのではあるまいか。

言い換えれば、キリストの活動は、さまざまな解釈に開かれたテクストを見出したのである。つまり、キリストは、さまざまな法的な判断を解釈によってそこに見出すことができるような、変数Xを措定したのだ。かつて――ユダヤ教の段階で――神の言葉Aだったところに、今や、変数Xが置かれる。変数Xであれば、そこには、さまざまな特定値を代入することができる。たとえば、X＝j（ユスティニアヌス法典）とすることもできるし、他のどのような値（k、l、m等）を代入することもできる。したがって、(1)は、厳密には、次のように書き換えられなくてはならない。

A → X → X＝j、k、l、m……　(2)

各項は、前の項の反復だが、反復は単純な再現ではない。反復は、先行する項からの差異を必ず生み出していく。どうしても、Aとj（あるいはk、l、m……）とを直接に比較してしまう。だが、「神」という超越論的なシニフィエ（意味）に拘束されているAを、j等々の自由なシニフィアン――超越論的な要因として機能するシニフィアン――に置き換えるためには、媒介が必要だ。その媒介Xは、結果の中には、痕跡をとどめない。結果をもたらすのに不可欠だが、その結果からは、存在していたことの痕跡が消え去っているような媒介。Xは、フレドリック・ジェイムソンの「消失する媒介 vanishing mediator」の定義と、厳密に合致する。

*

今、ここで述べていることは、前章の第3節の最後に概略を示したことの精緻化である。前章の最終節で引いた、ベンヤミンとショーレムの往復書簡で使用されている寓意的な表現、「解読できない聖典」と「紛失した聖典」との対応をもう一度確認して、微妙な部分を補整しておこう。[*8]ここで、変数Xで表現されているテクストのあり方は、「解読できない聖典」に対応している。まだ解読できないそれは、さまざまに解読しうるのだ。それに対して、キリストがほんとうに実現しようとしたことは、テクストを廃棄すること、つまり「紛失」に等しい状態に聖典を追いやることだったのではないか。彼は、謎めいた暗号のような聖典を遺したのではなく、単純に、聖典を廃棄したのではないか。

ベンヤミンとショーレムが対立しながら、共有している論点がある。「紛失した聖典（棄てられた聖典）」は、しばしば「解読できない聖典」と取り違えられ、前者は後者に転化しやすいということ、これである。聖典は棄てられて、すでになくなっているのだが、その事実が、「いや、読めないが聖典はある」と受け取られることがあるのだ。ベンヤミンは、「解読できない聖典」を「紛失した聖典」の方へと差し戻し、後者に還元しようとしている。「あなたは、読めない聖典があると言っているが、ほんとうは、聖典はもうゴミ箱に棄てられてどこにもないのではないか」とベンヤミンは言っているのだ。これに対して、ショーレムは、二つの聖典のあり方を厳密に区別した上で、「解読できない聖典」の局面に固執している。これが、二人の争点である。

ここでは、ベンヤミンとショーレムの論争に判定をくだすつもりはない。当面の探究の主題は、別のことだ。（2）は、法的判断の超越論的な根拠になっているテクストの様態が、どのように転換したかを表現している。どうして、ユダヤ‐キリスト教でのみ、このような転換が生じたのだろうか。イスラーム教は、Aの段階にあえて留まったのだと言ってよいだろう。Xは、キリストに対応しているのだから、もちろん、キリスト教にしか存在しない局面である。だが、単純に、Xにのみ原因を帰するわけにはいかない。Xは、Aの（差異を孕んだ）反復であった。ということは、A（ユダヤ教）の内に、Xをもたらすポテンシャルがあったと見なさなくてはならない。それは何だろうか。

3　人間に似ている神

ここでわれわれが着目すべきは、一神教にとって最も重要な法、唯一神教をまさに唯一神教たらしめている「禁止」である。それは、もちろん、「偶像崇拝の禁止」だ。たとえば、中国では、天命を受けた皇帝が、自らの命令を法として宣言することができる。皇帝が、さながら神のように崇められているこの状況は、もちろん、一神教から見れば、典型的な偶像崇拝である。このとき、神と、地上の具体物（「皇帝」という具体的な人物）とが、混同されていると見なされる。

一神教において、偶像崇拝が厳しく禁止されるのは、どうしてなのか。この点については、一般には、次のように説明されている。神は、純粋に唯一であり、しかも、人間からは、あるいはこの世界に内在する被造物からは隔絶した、絶対的に超越的な他者である。したがって、人間や、あるいは地上のもろもろの具体物を神と同一視し、神として崇めることは、超越的な唯一神に対する、最大の冒瀆にあたる。たとえば、古代ギリシアでは、神々は、あまりにも人間化されている（神々は、人間のように、さまざまな誘惑に屈し、欲望をもち、ときに嘘をつき、さまざまな過ちを犯す）。あるいは、日本の神道やトーテミズムのように、樹木や岩のような自然物や、さまざまな動物が神々として崇められたり、祀られたりするケースもある。これら、異教の行動は、すべて偶像崇拝にあたる。真の唯一神教であるユダヤ教は、初めて神を真に非人間化し、また自然物や動物から完全に分離した。偶像崇拝の禁止についての、一般的な説明は、このように教える。

一神教と「偶像崇拝の禁止」についての、こうした通念は、もちろん、間違いではない。こうした通念によって、実際に、一神教の多くの側面が説明できる。たとえば、ムハンマド（イスラーム教）と中国の皇帝とを、もう一度、比べてみるとよい。使徒ムハンマドは、もちろん、イスラーム教徒によって深く尊敬されているが、しかし彼は、勝手にイスラーム法を創造したり、改変したりすることはできない。人間にすぎない使徒と神との間には、決定的な断絶があるからだ。皇帝＝天子が、事実上、恣意的に法を創造できるのとは、まったく違う。

＊

だが、偶像崇拝の禁止についての、こうした説明の中にはどうしても収めることができない側面が、ユダヤ教にはある。誰もがよく知っているある箇所が、どうしても説明がつかないのだ。「創世記」によれば、神は、自分の似姿に、人間を創っているのだ。あまりにも有名な箇所だが、念のために引用しておこう。神はこう言っている。「我々にかたどり、我々に似せて、人を造ろう」(「創世記」一章二六節)と。

ここでの「我々」は、「熟慮の複数」とか「尊厳の複数」などと文法的には言われているもので、数的には複数ではない。つまり、これは一人称の単数であり、神の唯一性には、なんら抵触しない。問題になるのは、神が人間を自分の似姿として創造している、ということである。したがって、神は人間に似ている、ということにもなる。*9

一方では、神と人間との間の距離が強調され、神を人間に近づけることが厳禁されている。他方では、神と人間の間の類似性が語られている。これほどあからさまな矛盾があるだろうか。どのように考えたら、この矛盾を解消することができるだろうか。

次のように理解したらどうであろうか。ユダヤ教には、通念とは正反対のアスペクトが(も)あるのだ、と。一般には、偶像崇拝の禁止は、異教をターゲットにしている、と見られている。これまで述べてきたように、異教には、神を人間化したり、事物化したりする顕著な傾向があり、ユダヤ教に、こうした「良からぬ」傾向が感染するのを防ぐために偶像崇拝の禁止がうるさく言い立てられるのだ、と理解されてきた。しかし、ユダヤ教にも、異教よりも強い、また異教のそれとは異なる原因に基づいて、神を人間化しようとする傾向が孕まれている、としたらどうだろうか。異教に妥協したり、異教に影響されて、そうした傾向がユダヤ教に宿ったわけではなく、ユダヤ教に固有の性質として、神を人間化しようとする潜在的な力が働いている、と考えてみるのだ。一神教に内在する「神の人間化」への傾向は、もちろん、異教の類似の傾向とはまったく違ったメカニズムに基づいて作用していると見なくてはならない。いずれにせよ、偶像崇拝の禁止の主たるターゲットは、ユダヤ教の外部にある異教的な逸脱ではなく、むしろ、ユダヤ教に内在する本質的なアスペクトだったのではないか。

このように観点を変えてみると、さまざまなことが整合的に見えてくる。まず、異教も、手放しに、「偶像」を肯定しているわけではない。つまり、異教徒たちも、人間や自然物等との類比で作られている偶像が、偉大な神々の表象として不十分であることを自覚している。だからこそ、彼らは、「人間を超えたもの」として神々をなんとか表現しようとしている。異教の神々が、しばしば、怪物のように描かれるのは、そのためである。神々は、巨人であったり、三つ以上の目をもっていたり、何十本もの手をもっていたりする。神々が人間以上に偉大であることを何とか表現しようとしているのだが、こうした誇張すらも、神々の実態にはまだ追いついていないことが自覚されている。

これらの異教に対して、ユダヤ教の方はまったく逆に、唯一神であるヤハウェが人間と似ている、ということをあからさまに認めてしまっている。何しろ、人間は神の似姿なのだから。ユダヤ教と異教と、どちらで、「神の人間化」の力が強く効いているかは明らかではないか。

ギリシア神話の神々や日本の記紀神話の神々は、神のくせに人間くさい、と言われてきた。しかし、よく見れば、ユダヤ教のヤハウェの方が、もっと人間的ではないか。神は嫉妬し、ちょっとしたことで激怒し、機嫌を損ねたりもする。こうした特徴を備えていることが、ヤハウェがまさに「人格神」であることを示している。少なくとも、ヤハウェは、中国の「天」よりもはるかに人間的である。「天命」がある以上は、天も、最小限の意志をもつと考えねばならないが、しかし、天はそれ以上の感情も判断も表現することはない。天は抽象的で、無機的で、メカニカルである。天の性質は、ヤハウェの「人間性」とはかけ離れている。

さらに付け加えておけば、ヤハウェこそは、後年、キリストが「隣人」と呼んだ他者の原型ではないだろうか。キリストが「隣人を愛しなさい」と言うときの「隣人」は、いつも一緒にいて、気心の知れたいい人という意味ではない。まったく逆である。キリストの言う「隣人」とは、端的に言えば、「嫌な奴」という意味である。もしヤハウェが、われわれの知人だったとしたら、これほど、性格の悪い人物もいない、と感じるに違いない。ヤハウェは、誰もが「親しく付き合いたくない人物」「お近づきになりたくない人物」のナンバーワンに挙げるようなタイプである。つまり、キリストが「隣人」として念頭においていたのは、まさにヤハウェのような人である。[*10]

このように、ユダヤ教自体に、神を人間化しようとする強い力が内在している。偶像崇拝の禁止は、この内的な本性の否認であり、またそうした本性への抵抗の表現ではないか。考えてみれば、われわれが最も強く拒否しようとすることは、自分自身が嫌悪している、自分自身の性質ではないだろうか。たとえば、自己顕示欲を強く批判するからと言って、その人が、自己顕示欲が小さいとは限らない。むしろしばしば逆である。自己顕示欲が人一倍大きいのだが、そういう自分に嫌悪感を覚えている者こそが、自己顕示欲を最も激しく批判し、またそうした欲望を露骨に示す他人を嫌うだろう。ユダヤ教の偶像崇拝の禁止にも、似たような心的な機制が働いているのではないか。異教を批判しているようでいて、それ以上に、自分自身を否認しようとしているのだ。

＊

さらに、ここからもう一段階、展開させたらどうなるか、考えてみよう。ユダヤ教は、客観的には、神を人間化しようとする傾向を備えているが、この傾向を否認しようとしている。しかし、自身のこうした本性を否認せず、逆に全面的に肯定し、自ら引き受けたらどうなるだろうか。ユダヤ教はキリスト教へと転化するだろう。

そうなったときには、神は「人間に似ている」という状態ではたりない。神は、今や、直接に人間になるのだ。神と人間は、直接に同一化するのである。それこそ、イエス・キリスト以外の何ものでもあるまい。

したがって、ユダヤ教が、すでに潜在的にそうであるところのものを、自覚的・積極的に引き受けたら、キリスト教が出現する。言い換えれば、ユダヤ教は潜在的に、そうとは自覚することなく、すでにキリスト教だったのである。ユダヤ教とキリスト教の距離は、その意味ではたいへん小さい。さらに付け加えておけば、ユダヤ教を、キリスト教とは反対方向に延長させたのが、イスラーム教である[*11]。

4　不安から愛、そして再び不安へ

ところで、こうしたことが、「法の支配」という主題とどう関係しているというのだろうか？

この点を明らかにするために、ユダヤ教とキリスト教の関係をめぐる、アウグスティヌスの議論を補助線として活用してみよう。[*12] アウグスティヌスによれば、ユダヤ教からキリスト教への移行は、不安の宗教から愛の宗教への移行として概念化することができる。キリスト教が「愛の宗教」だというのは常識だとして、ユダヤ教が「不安の宗教」だというのは、いかなる意味か？

神は「ユダヤ人との間で契約を結ぶ。このことは、ユダヤ人が、救済を約束された民として「選ばれている」ということを含意している。ユダヤ人にとって、これほど優越感を覚える設定はないように見える。何しろ、この全宇宙を支配する唯一の神が自分たちユダヤ人をわざわざ選んでくれたのだから。しかし、実際には、この状況で、ユダヤ人は優越感に浸る、どころではない。なぜか？　神が仮に自分たちを選んだのだとしても、その理由が、まったく不可解だからだ。

ユダヤ人は、こう問わざるをえない。自分たちに、選ばれるに値する何か特別な性質があるだろうか、と。自分たちは、他の民族に比べて、特段に優れているわけではない。その証拠に、自分たちは弱く、戦いには負けてばかりである。自分たちは、とりわけ敬虔なわけでもなく、神との契約を格別にきちんと守っているわけでもない。その証拠に、神は、しばしば怒り、罰するではないか。優れているわけでもなければ、劣っているわけでもない。特に信仰に篤いわけでもなければ、格段に不信心だというわけでもない。とすれば、なぜ自分たちは選ばれたのか。不可解である。

いったい、神は何を意図しているのか。神は何を求めているのか。こうした問いが解けない謎として残ってしまう。これほど不安なことはほかにあるまい。ユダヤ教の本質が「不安」だというのは、この意味である。

アウグスティヌスによれば、この不安を基底におくと、キリスト教の「愛」の意味がはっきりする。神の欲望の真の対象がわからない、ということが不安の源泉であった。この対象の位置に、神に愛されている「われわれ」を代入することで、不安は解消する。神は何を求めているのかという深刻な疑問に対して、神の愛の対象としての「われわれ」という回答を与えているのだ。

もっとざっくばらんに言ってしまえば、次のような状況に似ている。誰かが、あなたに対して、奇妙なほどに親切だったとしよう。その人は、特に頼みもしないのにあなたを助けてくれたり、何か価値のあるものを頻繁にあなたに贈ってきたりする。あなたは、戸惑い、不気味に感じるだろう。あの人は、何を私に求めて、こんなによくしてくれるのだろうか、と。しかし、やがて、あなたは気づく。あの人は私を好きなんだ、私を愛しているのだ、と。そう気づくと、あなたは納得がいき、不安も解消するだろう。「愛の宗教」としてのキリスト教の登場は、こうした展開に喩えることができる。

＊

これが、アウグスティヌスの説明だが、しかし、よくふりかえってみると、この理論はまちがっている。「愛」は、不安をかきたてていた疑問に対する回答にはなりえていないからだ。私はあの人に愛されているから、選ばれているのだ、という説明は、ただのトートロジーである。なぜわれわれは選ばれているのか。神は何を意図しているのか。神は何を求めているのか。こうした謎は、開かれたまま、そっくりそのまま残っている。

確かに、キリスト教の本質は「愛」だと言ってよいだろう。しかし、「愛」が主役になったことで、「不安」が消えるわけではない。逆に、愛の導入とともに、不安は重層化し、倍加するのだ。どういうことなのか、説明しよう。

ユダヤ人が不安だったのは、繰り返せば、人間であるユダヤ人には、神の意図がまったく不可解だからだ。もちろん、神自身は、自分が何を意図しているのか、どうしてユダヤ人を選んだのか、わかっている。当然のことながら、神自身には、いかなる不安もない。ここでは、内在的な人間と超越的な神との間のギャップが効いている。

キリスト教の要諦は、神と人間が同一化すること、神の方が下降して人間になることにあった。キリスト教においては、「人間」という姿こそが、神自身の真実であったことが示されるのだ。とすれば、人間の不安は、今や、神自身の不安でもある。もともとの設定は、神にとっては疑問の余地なく明確なことが、人間にはまったく不可解だという落差を本質としていた。しかし、この落差が失われてしまったとすれば、神にとっても不可解なのだ。いったい私は何を欲しているのか。私は何を意図しているのか。これらの疑問は、神にとっても消えない謎になっているのである。

だから、キリスト教に移行することで、不安はむしろ二倍になる。人間のみならず、神すらも不安だからだ。ここで、われわれは、十字架の上でキリスト（＝神）が表明した、神への不信、神への不安を思い起こしたらよい。ユダヤ教の水準と比べたとき、不安は二倍になっている。人間のみならず、神もまた不安だからだ。キリスト教は、不安の宗教の否定や克服ではない。むしろ、完成された不安の宗教である。

*

「法の支配」を可能なものにした、究極のコンテクストは、ここにある。まず、神自身には、いかなる不安もない場合はどうだろうか。つまり、神が、己の欲望に関して、揺るぎない確信をもっているとしたら。このときには、神の明白な意志の表現になっている規範的な判断が、変更の余地のない、不朽の法として採用されるほかないだろう。ときに、人間にとっては理解しがたい条項があったとしても、神は、その妥当性について、完全な確信を抱いているのだとすれば、人間が、それに反抗したり、それを否定したりすることは不可能だ。このとき、法は確かに、支配者を含むすべての人を拘束するが、しかし、人が新たな法をもたらしたり、既存の法を改変したりすることはできない。イスラーム教は、実際、このような状態にあると言ってよい。

しかし、神も自分自身について不安をもち、百パーセントの確信に到達できない場合には、どうなるのか。不安に抗するために、神は、何らかの判断を暫定的に採用するだろう。「これこそが私の欲しているものではないか」と。しかし、神は、「これでまちがいない」という十全なる確信、完全なる自信には、決して到達できない。そこで、神は、再び、別の判断を、暫定的な結論として提起するだろう。しかし、それについても絶対の確信には至りえない。

神は、極端な不安と暫定的な確信との間で絶えず揺らいでいる。西洋における法を、この揺らぎの表現だと見なしたらどうだろうか。先の（2）の変換式を思い起こそう。この式の最後の項では、Xに、さまざまな具体的な法（j、k、l、m……）が次々と代入されている。代入しては棄却し、また代入しては棄却するという繰り返しは、まさに、この神の心中の揺らぎに対応している。人間は、神が不安をもちながらも、とりあえずの確信をもって下すはずの結論を推定することで、それを「法」とする。法は、暫定的で仮説的な判断としてもたらされることになる。

その法は、神に帰属する判断なのだから、人間に対して、超越的な支配力をもつ。すべての地上の支配者は、これに従わなくてはならない。しかし、神の判断でありながら、それは可謬的であり、不適であったり不当であったりする可能性を完全には排除できない。したがって、法は永続的に固定されることはなく、常に変更可能だ。「法の支配」をめぐる、先のアンチノミーは、こうして成り立ち、矛盾を解消する。神を人間と似たものとしてとらえ、最後には、人間と同一視してしまう、このユダヤ-キリスト教のダイナミズムの一つの帰結として、「法の支配」と呼ばれている現象があるのだ。

1　もっとも、現在の「申命記」のどの部分が「原申命記」なのかを厳密に確定する史料批判は、著しく難しい。「申命記」の一二章から二六章、そして二八章を内に含むことは、ほぼ間違いないとされている。
2　以下を参照。山本七平『日本的革命の哲学――日本人を動かす原理』ＰＨＰ文庫、一九九二年、三一―三八頁。
3　父が子のゆえに、また子が父のゆえに殺されてはならない、という規定があった。つまり、中国風の、罪九族に及ぶという考えは、きっぱりと否定された。
4　隣人のぶどう畑では、そこのぶどうを心にまかせて好きなだけ食べてもよいが、器に入れてはならない（隣人の麦畑では、手で穂を摘んでもよいが、畑に鎌を入れてはならない）、というような、気が利いた、それなりの合理性を感じる条項が、現在でも遵守されているという。

5　たとえば、山本七平は、次のような条項に関しては、きちんと守られたかどうか、疑わしい、と指摘している。「原申命記」は、「隣人（＝ユダヤ人同胞）」に対しては七年毎に赦してやらなくてはならない、と規定している。「七年毎に赦す」ということは、要するに、七年経った借金を帳消しにしてやりなさい、ということだ。ただし、「外国人」に対しては、その限りではない、とされている。あるいは、よく知られているように、ユダヤ人同胞に貸した金銭については、利子を取ることが禁止されていたが、外国人からは利子を取ることができた。こういう規定になっていれば、人は当然、同胞に対しては貸し渋り、外国人には積極的に貸してやるようになるだろう。あるいは、利子の徴収ができない同胞に貸すときには、「元金＋利子」に等しいだけの担保を取ろうとするだろう。このように、同胞を手厚く助けてやりなさいという、この法の精神は蹂躙されたに違いない、と山本は推測する。その証拠として山本が指摘しているのは、「第七年の赦しの年が近づいた」と言って、貧しい同胞に対して物惜しみしたり、何も与えなかったりすることは慎みなさい、という条項があったという事実である。こんな付加的な条項があったということは、七年間、借金を返さない同胞に対して、――たとえその同胞が赤貧にあえいでいたとしても――もうこれ以上は貸す気にはなれない、という人がたくさんいたからだ。以下を参照。山本、前掲書、三六―三八頁。

6　厳しい改革を行ってまで神との約束を守っているのに、神はユダヤ人を助けず、かえって、周囲の異教徒たちの傍若無人を許しているのだから。

7　「コリントの信徒への手紙二」三章、「ヘブライ人への手紙」八章。なお、後者に関しては、パウロの作ではないという説が有力になっている。そうだとすると、パウロ以外の匿名の著者もまた、「旧約と新約」という着想をもっていたことになる。いずれにせよ、キリストの死後、新約聖書の著者たちが「旧約と新約」という言葉を使い始めたことは確かだ。また、かつてはパウロの著作のうちに数えられていた「ヘブライ人への手紙」が、実はパウロとは別人の著作だったとすると、「旧約と新約」という着想が、とりたてて独創的なものではなかったはずだ、という本文で述べたことの傍証にもなる。

8　ゲルショム・ショーレム編『ベンヤミン–ショーレム往復書簡　1933–1940』山本尤訳、法政大学出版局、一九九〇年（原著一九八〇年）。

9 「創世記」には、神による人間の創造について語っている部分が、二ヵ所ある。もう一ヵ所は、二章七節で、それによれば、人間は、土の塵から創られた。このように、一章とは異なることが書かれている。齟齬《そご》の直接の原因は、両者が異なる時期に書かれた異なる資料に基づいていることにある。この点は、『古代篇』第13章第2節で、プラトン主義者のフィロンの哲学との関係で指摘したことがある。

10 それに対して、イスラーム教の神アッラーは、けっこう「いい奴」である。アッラーとヤハウェのこのような対照性については、第2章第5節を参照。

11 われわれは、ユダヤ教からキリスト教へと受け継がれてきた信仰のうちに、二つの相反する傾向が共存していた、と論じてきた。神を具体的な自然物や人間から引きはがし、抽象化しようとする傾向と、逆に、神を具体的な人間に近づけ、最後には完全に人間化しようとする傾向である。この二つの傾向は、『古代篇』第6章第3節で、「キリスト殺害の二つの効果」と呼んだことに、それぞれ対応している。

12 ハンナ・アーレント『アウグスティヌスの愛の概念』千葉眞訳、みすず書房、二〇〇二年（原著一九二九年）。

第7章　預言者と哲学者

1　ガリレイは異端か

中世の段階で見れば、学問的な知識の点では、ヨーロッパよりもイスラーム圏の方がはるかに洗練され、発展していた。とりわけ、古代ギリシアの知的遺産は、ヨーロッパではほとんど忘れ去られたが、イスラーム圏で継承され、さらなる発展の土台となっていた。現在のヨーロッパが、ギリシアを自分たちの精神の起源のひとつと見なすことができるのは、アリストテレスをはじめとする古代ギリシアの知をイスラーム文明が保持していたからだ。中世の後期になって、ギリシアの古典やその解釈は、ヨーロッパに「逆輸入」されたのである。

こうした事実は、よく知られており、たいていの教科書に書いてある。われわれも、これをごく簡単に概観しておいた（第3章第2節）。ここでは、この知られた事実から導かれる単純な疑問と、いくぶんか専門的な疑問を検討しておこう。「法の支配」に関連して論じたこととの展開として、考察を深めることができるからだ。

いま述べたようなヨーロッパとイスラーム圏の関係——学知に関してイスラーム圏の方が断然優れていたという事実——を知ったとき、誰の頭にもすぐに浮かぶ問いは、次のようなものであろう。ならば、どうして、その後の科学や技術の発展の歴史の中で、ヨーロッパが優位に立ったのか？　この優位は、今日もまだ続いているように見える。あるいは、問いをもう少し特定させて、次のように言い換えてもよい。科学革命が起きたのがイスラーム圏ではなくて、ヨーロッパだったのはどうしてなのか？　ヨーロッパでは、一六世紀末から一七世紀にかけて、科学史の上でのブレークスルー、大きなパラダイム転換が生じた。科学史の研究者はこれを「科学革命」と呼んでいる。ガリレイやニュートンも、この革命の中から出てきた。今日の観点でも「科学的」、あるいは「合理的」と見なしうる説明や実証のスタイルは、科学革命を通じて確立された。

中世に、イスラーム圏がヨーロッパに対して「リード」していたのは、ギリシアやローマに由来する知の領域においてだけではない。ほとんどすべての学問分野に関して、イスラーム圏が圧倒していた。数学に関しても、天文学に関しても、医学に関しても……。とするならば、近代的な科学への突破は、まずイスラーム圏で生ずるべきではないか。

この種の「逆転」についての疑問は、中国と西洋との関係でも提起しておいたが、イスラーム圏と西洋とを対比させたときには、より深刻なものとして現れる。中国とヨーロッパは遠く離れているので、相互の影響は小さく、また多くは間接的である。だが、イスラーム圏のヨーロッパへの影響は直接的であり、そして広範かつ濃密だ。したがって、科学革命の直前までにヨーロッパが蓄積していた知識の多くは、イスラーム圏から学んだものである。同じ知識を、あるいはそれ以上の知識を、イスラーム圏はもっていた。とするならば、イスラーム圏がヨーロッパに先を越された（ように見える）のは、まことにふしぎなことである。

科学革命についての紋切り型の説明は、この時期に、キリスト教の拘束力が低下したことに原因を求める。だが、この説明は不十分なものであることがすぐにわかる。もし西ヨーロッパで一神教が人々の心的な活動を束縛する程度が、何らかの原因によって小さくなったのだとしたら、どうして、同じことがイスラーム圏では起きなかったのか。どうして、キリスト教、しかも西方のキリスト教が支配的だった地域でのみ、宗教の影響力が小さくなったのか。イスラーム教徒の方がより多くの正確な知識をすでに有していたというのに。

*

　さらに事態を仔細に観察すれば、もっと奇妙なことに気づく。イスラーム圏で早くから「科学的」とも言える知識が蓄積されたのは、コーランに書かれていないことであれば、自由に探究し、考えることができたからだろう。コーランに書かれていないならば、つまり神の啓示の中に含まれていないことであれば、何を言ってもよかったのである。イスラーム圏の「科学」は、その意味では、最初から宗教から解放されていた。だから、たとえば、イスラーム圏の学者は非常に早くから、（実測をもとにして）地球を自転する球体であると見なしており、一四世紀の偉大な歴史学者イブン・ハルドゥーンも、地球が球形であると断定している（第3章第2節）。コーランに地球の形についての規定がないのだから、どう考えることも許されたのだ。

　だが、同じことは、西方キリスト教圏（カトリックの支配下）では成り立たない。以前、述べたことを再論しておけば、ガリレイは、地動説を唱えたことで異端審問にかけられたが、これは、第三者の目には、まことに不当なことに映る。「不当」だというのは、地動説がほんとうは真理だから、ではない。聖書には、地動説を支持する内容も天動説を支持する内容もどちらも記されてはいないからだ。すると、ここでわれわれは、あらためて気づくことになる。教会がガリレイを「異端」と判断したとき、実際には聖書に書かれていないことがあたかも聖書に記されているかのように扱われていたということに、である。聖書の記述の中に含まれていないことが神の啓示の一部であるかのように見なされていたのだ。聖書の記述の気づかれざる拡張、神の啓示の無意識の遷移が生じているのである。

この事実は、第5章から参照してきた解釈者革命を連想させる。解釈者革命は、聖書以外のテクスト（ユスティニアヌス法典）が聖書のごとき権威を帯びたことによって引き起こされた。前章でわれわれは、この状況を次のように考えるとよい、と提案した。神の啓示が変数Xのごときものとして措定されており、そこに、さまざまな値が代入されることで法としての妥当性をもつのだ、と。ガリレイの異端審問でも、同じ論理が働いている。教会は、変数Xとしての聖書に、「a（天動説）」を代入しているのだ。[*1]

これに対するガリレイの反論は、したがって、Xに代入されるべき正しい解はa（天動説）ではなく、b（地動説）だ、という点にある。ガリレイ自身もまた、一神教の論理の外にいるわけではない。つまり、ガリレイは、宗教から解放されているがために、地動説に想到したわけではない。逆である。ガリレイもまた、神の啓示は何であったのか、神の聖なるテクストには何が書かれているのか、という問いの内側で考えているのだ。その証拠に、ガリレイは、彼を批判する同時代のアリストテレス主義者に、次のように反論している。

サルシ氏は、哲学とは、……物語の本であると考えているのではないか。……哲学とは、……宇宙というわれわれの眼前につねに開かれた偉大な書物にこそ、書かれているものである。[*2]

「サルシ」とは、数学者でもあったイエズス会士オラッツィオ・グラッシのことである。グラッシは、ロタリオ・サルシの偽名でガリレイを糾弾していたのだ。ここでの「哲学」は、われわれの言う「自然科学」のことだと解釈すればよい。ガリレイがここで言っていることは、「物語の本」(たとえばアリストテレスのテクスト)よりも「(神が創造した)宇宙」そのものの方が、より優れた聖典(神の啓示を記したテクスト)だということである。すぐには読めない聖典Xを解読しようとするスタイルは、ガリレイも維持している。

いずれにせよ、科学革命のメカニズムについて探究するのは、まだ早い。ここで示唆しておきたいことは、とりあえず、西洋において「法の支配」をもたらしたのと類比的な論理が、科学革命においても作用しているらしいということ、同じ論理は、イスラーム教の支配下では見られないということ、この二点である。科学革命がイスラーム圏ではなく西洋で起きたのはどうしてなのかということも、これらの点から説明されるだろう、という見通しだけをひとまず述べておく。ここでは、科学革命より前に、イスラーム圏の西洋への知的影響の内実について、もう少していねいに検討しておきたい。

2　二重の真理

イスラーム圏の西洋への知的な影響という点で最も重要なのは、言うまでもなく、アリストテレスである。アリストテレスは、イスラーム圏の哲学者・神学者を経由して、西洋の知的世界に再導入されたのだ。『中世篇』でも論じたように、アリストテレスは、西洋の中世後期の神学の中で、圧倒的な意味をもった。当時、ただ一般に「哲学者」と言えば、それはアリストテレスのことであった。アリストテレスのテクストが、聖書にほとんど匹敵する権威をもったのである。これは、聖典の権威がいわばスピンオフして、本来は聖典ではないテクストに転移する現象の、最も顕著な実例である。

だが、ここで見ておきたいのは、もう少し細部にかかわることである。西洋の神学者たちが注目した、イスラーム圏のアリストテレスの解釈者は、主に二人いた。イブン・シーナ（ラテン名、アビセンナ）とイブン・ルシド（ラテン名、アベロエス）である。イブン・シーナは、一〇世紀末から一一世紀前半を生きた神学者（九八〇―一〇三七年）である。イブン・ルシドは、イブン・シーナの没してから一世紀ほど経た時代に生を得て、活躍した哲学者（一一二六―九八年）だ。この二人が並べられたとき、イスラームの思想史について少しばかり専門的な知識をもっている者ならば、必ず、違和感を覚えるはずだ。

イブン・シーナについては、すぐに納得がいく。彼は、間違いなく、イスラーム思想史の中で最も影響が大きかった神学者だからである。アビセンナ（以下、アラビア名よりも簡単なこちらのラテン名を使う）は、学の布置関係をはっきりとさせ、全体として体系化した。「存在existentia」を「本質essentia」の偶有（的性質）と見なす説は、西洋中世の神学やその後の存在論に、絶大なインパクトを残した。この説から、「存在する／しない」をはじめとするいかなる規定もうけていない普遍者（＝自然）というアイデアが導かれる。アビセンナの「空中浮遊人間」説は、デカルトの「コギト」の先取りだと見なされることもある。*3

いずれにせよ、アビセンナは、イスラーム思想史の中の最大の巨人なので、その影響がヨーロッパの知識人にも及んだと聞いても、驚くことはない。不可解なのは、イブン・ルシド、アベロエスの方である。ヨーロッパの神学者たちは、アベロエスをアビセンナと同じくらい、あるいはそれ以上に偉大だと見なした。中世ではアリストテレスが「哲学者」そのものを代表したと述べたが、ただ「注釈者」（もちろん「アリストテレスの」）と言えば、アベロエスを指すことになっていた。ダンテは『神曲』の中で、「かの偉大なる注釈を成したアベロエス」と讃えている。このように、ヨーロッパでは、アベロエスは非常に尊敬された。

だが、イスラームの思想史の内側から見たときには、この評価は、きわめて奇異なものに感じられる。アビセンナに比べたとき、アベロエスの思想史的意義はあまりに小さいからである。アビセンナは、イスラームの哲学・神学の主流を形成したが、アベロエスは、イスラーム思想史の中では、後世にほとんど影響を残さなかった。*4 そのアベロエスが、どうして西洋では、かくもビッグネームになったのだろうか。次のように考えるほかあるまい。アベロエスは、イスラームのコンテクストの中から生まれてきたのだが、その思想には、イスラーム教徒には受け入れ難いが、逆に、キリスト教徒（カトリック）にはしっくりとくる何かがあったのだ、と。それは何なのか。それを特定できれば、キリスト教とイスラーム教の中核的な差異を、両者の運命を分けた要素をピンポイントに抽出することができるのではないか。

＊

アベロエスの思索の根本動機は、「アリストテレスに還れ」というスローガンに尽くされる。[*5] 彼は、彼に先立つアリストテレスの注釈者を、つまりはアビセンナを厳しく批判している。アビセンナはあまりにも新プラトン主義的にアリストテレスを解釈している、と。一者からの流出によって存在の全体を説明する新プラトン主義は一神教と親和性の高い理説だということだけ、まずは確認しておこう。

アベロエスの思想は、イスラーム神学の正統とどこで軋《きし》みを引き起こしているのか。そのポイントは、まちがいなく、二重真理説に――知性単一説に裏打ちされた二重真理説に――あったと思われる。知性単一説とは、それぞれの個人に別々の知性というものはありえず、単一の普遍的な知性のみがある、とする説である。とするならば、ここからは、当然のことながら、真理は単一であるとする命題が導かれるはずだ、と思いたくなるが、そうはならない。知性の単一性に固執すると、真理が実質的には二重であると認めざるをえなくなるのだ。その理路を追ってみよう。

主題になっていることは、信仰と哲学（理性）との関係である。この関係が抜き差しならぬ問題として浮上した理由を知るためには、ごく簡単に、社会的コンテクストを見ておく必要がある。ムハンマドが没してから時を経るにつれ、当然予想されるように、多くの異端的思想が横行するようになった。アッバース朝のカリフは、この思想の混乱を抑制し、イスラーム帝国の秩序を維持しなくてはならない。ついに、第十代のカリフ、ムタワッキル（在位八四七―八六一年）のとき、異端諸思想が一掃され、正統派の覇権が確立することになる。これは、単純化してしまえば、理性に対する信仰の勝利とも呼ぶべき状況だ。こうして理性の自由な活用が許されない時代に入った。つまり哲学者にとって困難な時代がやってきたのだ。彼は、哲学する前に、その主張が正統派の信仰から非難を受けることがないか吟味しなくてはならなかった。

こうした状況の中で、哲学することの固有の必要性を説いたのが、アベロエスである。まず、アベロエスは、哲学することが、信仰にかなっていること、むしろ、信仰は哲学を要請していることを示す。コーランによれば、神は、被造物である宇宙を考察することを命じているからである。哲学とは、神が制作した宇宙の構造を反省的に研究し、制作者であるところの神の真意を、神が何を欲しているのかを知ることである。宇宙そのものを広義の聖典として解釈する必要を説いた、ガリレイと同じ衝動が、アベロエスの「哲学」を貫いているのが直ちに理解できるだろう。

だが、問題はこの先にある。哲学は、論理的な推論によって結論に至らなくてはならない。だが、もしそのようにして得られた哲学的結論が、神の啓示を表現している命題と、つまりコーラン（やハディース）のなかの聖文と一致しなかったときには、どうしたらよいのだろうか。「哲学的な思考の結論」と「宗教的な信仰の対象となる啓示」とが衝突したときには、どうすればよいのか。このことが、すでに大きな論争の的になっていた。

宗教（イスラーム教）の立場からすれば、当然、このときには、哲学的な帰結は宗教的な聖文に屈しなくてはならない。前者は人間の知性に属し、後者は神に属しているのだから。しかし、アベロエスはそのようには考えなかった。では、哲学の方を優先させるべきだ、と彼は主張したのか。もちろん、そんな冒瀆的な主張は不可能である。アベロエスは、論争の前提そのものを否定するのだ。

彼の知性単一説に基づけば、本来、哲学上の結論と啓示の内容を表現している聖文との間に対立や矛盾が生ずることはありえない。だが、見たところ、両者の間に明らかな矛盾がある。この問題を、アベロエスはどう克服するのか。もともと、コーランの記述そのものの中にも、矛盾が生ずるときがある。そのとき、神学者は、文の表面的な意味（外意）と真の内面的な意味（内意）とを分け、後者の水準で矛盾を解消してきた。外意から内意への遡行は、比喩的・寓意的解釈による。外意は内意の比喩的な表現であったと見なすのだ。アベロエスは、この方法を、哲学的な帰結と宗教的な聖文の対立に応用する。要するに、聖文を、一種の比喩として解釈するならば、結局、哲学的・理性的な結論と合致する、というわけである。

このアベロエスの説は、真理を一元化しているように見えるが、実質的な効果は真理の二元化・二重化である。本来のイスラーム教の論理からすれば、聖文＝啓示は、直接、そのまま真理であって、これと矛盾するような哲学的な思索の産物は単純に棄却されなくてはならない。しかし、アベロエスは、哲学的な推論から導かれた命題に、真理としての固有の地位を与えた。このことによって、事実上は、宗教的な水準の真理とは独立に、哲学的な水準の真理が導入されたのであって、真理は、むしろ分裂し、二元化したのである。*6

*

このこと、つまり真理が実質的には二元化しているということは、アベロエスの「人間三段階説」の中に端的に現れている。アベロエスは、人間を精神的能力に応じて、下から、俗人、神学者、哲学者の三つの等級に分けている。俗人は、コーランの文を、字義どおりに、内意を含まないかたちで受け取る人である。最高段階の哲学者は、コーランの表現を外意と内意とに区別し、比喩的な解釈によって内意に到達できる者を指す。その中間にいるのが、神学者だ。

たとえば、「神様はどこにいる?」という問いに対して、「神様は天にいらっしゃる」という回答で満足するのが、俗人である。しかし、神が、「天」という空間の限定された場所にいるとするのは、万能の神にとっては不合理なことであるとして、むしろ「神はあらゆるところに遍在する」と見なすのが神学者だ。しかし、こうした言い方も、神を空間の全体へと拡散させただけであって、まだ神を限定された存在者と見なしている。「神がどこかにいるということ自体が問題なのであって、むしろ、空間こそが神の中にあるのだ」という結論にまで行けば、哲学者の答えになる。哲学者の観点からは、「神様は地上のどこかにいるわけではなく、天にいる」という言明は、空間的に限定できない神の存在を比喩的に表現したものと解釈されるのだ。

ところで、この人間の三段階の中で、預言者はどこにいるのか。イスラーム教にとっては、これはきわめて重要な問いである。ムハンマドは預言者に属するからである。預言者のステータスについては、次のように考えるとよい。まず、一般の民衆(俗人)は、哲学的な真理を直視できず、したがって当然、理解もできない。しかし、民衆にも宗教が必要だ。そこで、哲学的な真理を、民衆にも理解可能な、イメージ（映像）を喚起する言葉へと置き換えなくてはならない。この変換を担っているのが、預言者である。つまり、預言者は、哲学的な真理を比喩へと差し戻すのだ。預言者において、宗教と哲学、信仰と理性とが結合するのだから、預言者は完全な人間であって、哲学者の上位にいる。

というのが、公式見解だが、井筒俊彦は、全体として見れば、預言者よりも哲学者が上位にあることは明らかではないか、と示唆している。[*7] 哲学者は、哲学的な真理を直視することができるので、最も大きな精神の自由を有している。預言者は、これを感覚的な表現に移すことを職務としている。哲学者を、たとえばノーベル賞級の最先端の研究に従事している科学者に、預言者を、それを一般の人にもわかるような入門書で紹介するライターに、それぞれ対応させてみると、確かに、預言者が哲学者よりも上位にいる、というアベロエスの見解には、「贔屓《ひいき》の引き倒し」的な無理があるようにも思える。いずれにせよ、少なくとも、預言者（ムハンマド）と哲学者は対等だということにはなる。しかし、人間の中に、預言者並みか、それ以上のカテゴリーの者を認めるこの説は、イスラーム教としては、異端的であると言わざるをえない。預言者／哲学者という二元性は、真理そのものが実質的に二元化していることの、必然的な帰結である。

3　「哲学者」の不安

さて、アベロエスの説を理解することが、われわれの目的ではない。アベロエスは、イスラーム圏ではほとんど無視されたのに、西ヨーロッパのキリスト教圏では、熱心に受容された。なぜなのか。その理由を解明するのがほんとうの目的だ。

アベロエスの説は、一見、真理を見出しうる能力としての理性に対する強い信頼に基づいているように思える。理性への自信、いやむしろ、本来の一神教（イスラーム教）の観点からすると理性の傲慢こそが、アベロエスの説の基底にあるように見える。だが、彼の議論を、理性・哲学へと推し進めた真の動因を思うと、われわれが見出すのは、「自信」どころかむしろ逆の心的な要素、つまり「不安」ではないか。

なぜ、理性による探究に向かうのかと言えば、コーラン（やハディース）の中で聖文のかたちで表現されている啓示が、そのまま真理に対応しているかどうか、という点に懐疑や不信があるからだ。つまるところ、アベロエスには、神がほんとうは何を言いたいのか、何を欲しているのか、コーランの字義だけからでは確定できず、不安なのだ。だからこそ、彼は、哲学者として、神の被造物である宇宙をそのまま探究し、反省の対象としなくてはならない、と説くのである。理性を駆り立てているのは、不安である。理性は、この不安が穿《うが》つ穴を埋めるために「真理」を見出す。

この意味では、あえて極論するならば、アベロエスの「哲学者」は、神に対して微妙な不信を抱いている。「あなたはいったい何を思っているのですか」と。哲学者は、自分の真理についての解釈を、絶対に下層の人々に——つまり俗人や神学者のレベルの人に——漏らしてはならないとアベロエスは強調している。どうしてなのか。なぜ「ほんとうのこと」を教えてやってはいけないのか。その「ほんとうのこと」は、普通の観点から捉えれば、信仰の表現どころか、不信仰の表現になってしまうからではないだろうか。先に事例として引いた、「神様はどこにいる？」という問いへの答えのことを思えば、この点をすぐに理解できるだろう。「神様は天にいらっしゃる」という俗人の素朴な答えと対照させれば、哲学者の答えは、「神はどこにもいない」と、むしろ神の不在を肯定していると「誤解」されかねないものになっている。

このように考えれば、アベロエスの思想がイスラーム教にとっては不都合な説であった、ということが明らかになる。[*8] 彼のアイデアが、イスラームの思想史の中に継承者を見出すことができなかったのも、納得がいく。しかし、そうだとすると、ますます疑問は深まってくる。では、カトリックの神学者たちは、どうしてアベロエスの思想に魅力を感じたのだろうか。どうして、西洋ではアベロエスは、深く尊敬されたのだろうか。

＊

ここで、前章での考察を想い起こしてほしい。われわれは、西洋において「法の支配」が逸早く確立したのはなぜなのか、という問いをめぐって考察し、一挙に、ユダヤ‐キリスト教の原点にまで遡行したのだった。アウグスティヌスが述べているように、ユダヤ教は不安の宗教である。神がユダヤ人を選んだ理由が、人間にはまったく不可解だからだ。「神がいったい、何を考えているのか」という謎を解くことができず、人間は不安に陥らざるをえない。

アウグスティヌスは、キリスト教において、この不安が揚棄されたかのように論じているが、それはまちがいである。まったく逆に、ユダヤ教において即自的であった不安が、キリスト教においては対自化され、深刻化したのだ。今や、神が、人間となって、自ら（人間としての）不安を表明しているのだから。十字架の上でのキリストの、「わが神、わが神……」という不信の叫びこそ、こうした不安の究極の、そして端的な表現である。

前章で論じた、この点を考慮に入れると、アベロエスの思想が、西洋のキリスト教圏で迎え入れられた理由がおのずと明らかになる。アベロエスの言うところの「哲学」もまた、ユダヤ－キリスト教的な不安への反応だと解釈することができるからである。別の視点に立って言い換えれば、アベロエスが歓迎されたという事実は、われわれが論じてきたこと、つまりキリスト教は――ユダヤ教を継承して――不安の宗教であるということを、あらためて補強する証拠となっているのだ。逆に、アベロエスが、イスラーム思想史の中では、ほとんど跡形もなく消されてしまったという事実は、アベロエスの「哲学者」の探究を駆り立てているような、あるいは十字架の上のキリストが絶望の中で極大化してみせているような「不安」は、イスラーム教には無縁だということを示している。

したがって、神の啓示を受けた「預言者（ムハンマド）」、アベロエスが言うところの「哲学者」、そして「キリスト」という三つの形象は、次のような直線の上に位置づけることができる。

預言者　↓　哲学者　↓　キリスト

不安の零度である預言者から始まって、矢印の先にいくほど不安は大きくなる。神（キリスト）自身が神を信じることができずにいる、キリストにおいて、不安は論理的な極大値に達する。アベロエスの「哲学者」が、両極端を媒介するような位置にいる。

4　ブレイの教区牧師

一八世紀のイギリスに『ブレイの教区牧師《ヴィカー》』という風刺詩がある。「ブレイ」というのは、イングランド南部のバークシャー州にある小さな村の名前である。この風刺詩の主人公は、この村の教区牧師だ。風刺詩は、牧師が、一七世紀後半から一八世紀初頭にかけての時代を、つまり一六七〇年頃から一七一五年までの期間を、どのように生き抜いたかを嘲笑的に描いている。[*9]

この男が牧師になったのは、チャールズ二世がイングランドの王に即位してから間もない時期だった。イングランドでは、清教徒革命の後、王政がいったん打倒され、クロムウェルが政権を握る。クロムウェルが没した後の王政復古で即位したのが、チャールズ二世である。若き牧師は、チャールズと「高教会派」のイギリス国教会への忠誠を誓う。ところが、一六八五年になると、状況が変わる。チャールズの弟のジェイムズ二世が王位を継いだのだ。ジェイムズ二世は、チャールズとは異なり、ローマ・カトリックの信者だった。主人公の教区牧師は、ジェイムズの意をくみ、カトリック信者が教会や政府の官職に就くことを禁じている「刑罰法」を公然と罵倒し、ローマ教会はもともと自分の体質にあっており、革命さえなかったら自分はずっとイエズス会士だったはずだ、などとうそぶいた。

だが、ジェイムズは、一六八八年の名誉革命によって、イングランドから追い出されてしまう。プロテスタントの指導者たちは、オラニエ公ウィレムを、ウィリアム三世としてイングランドの王位に就けた。すると、われらが教区牧師は、ウィリアムへの忠誠を誓った。その後も、国教徒のアンが女王に就いたとき、そしてプロテスタントの王位継承者として、ハノーヴァー家のジョージが王位に就いたときと、その度に、この男は、態度や宗旨をコロコロと変えながら、ブレイの教区牧師としての地位を保ち続ける。詩は、「いかなる王の治世になりましょうとも／私はブレイの教区牧師でいることでしょう！」の句で結ばれる。

名誉革命前後の激動の時代に、このように日和見主義的にふるまった聖職者が、イングランドにはたくさんいたのだろう。詩は、そのような聖職者を揶揄している。目下の理論的な文脈では、この聖職者の行動を、二つの態度から区別することが重要である。

第一に、これと対比すべきは、もちろん、イスラーム教である。もしこの詩の主人公がイスラーム教徒だったら、このようにすばやく、しかも何度も態度を変えることができたのか、想像してみるとよい。こんな「変節」は絶対に不可能だったはずだ。イスラーム教は、コーランやハディース（スンナ）を通じて、明示的で厳密に、なすべき行為、望ましい行為、許された行為、嫌悪すべき行為、そして禁止された行為を規定している。イスラーム法がどれほどの執念で法源を確定しようとしていたかを、想い起こしてみよ（第4章第2節）。かつて禁止されていたことが、実は許された行為だったとか、少し前までは望ましいとされていたことが、今では嫌悪すべき行為に分類される、といったような変化は、イスラーム教である限り、ありえないことだ。ブレイの教区牧師のような人物は、イスラーム教がまさにイスラーム教の中では生まれようがない。

第二に、日本人としては特に注意しなくてはならないことだが、この教区牧師の変節は、日本社会ではなじみの「空気」の自律的な変化に対する適応と同種の戦略と解しては、断じてならない。確かに、詩は、状況の変化に合わせて信念を変え、保身に走る牧師を嘲弄している。だが、肝心なことは、この詩の主人公は、その度に、自らが信ずべき教義を明示し、また王への忠誠を誓っていることである。「空気」への忠誠や信仰が明示されることは絶対にない。つまり、「空気」は密かに、他者に気づかれることなく「読まれる」。「空気」は意識的に選択されたり、自覚的にコミットしたりする対象ではなく、誰の選択にも服することなく自然に変化してしまうからである。

牧師という個人に着目していると、主体は、外的な状況に、自分の行動や態度を合わせているだけであるように見えるが、イングランドという集合的な主体の水準で考えてみると、対極的な意志のあり方が重なり合っていることに気づく。集合的主体（イングランド）が、そのときどきにイギリス国教会を選んだり、カトリックを選んだり、プロテスタントの異なるセクトを選んだり、ということに、究極的には何の理由も目的もない。これらの選択は、まったくの気まぐれである。しかし、同時に、これらは、信仰の対象として選ばれていることに留意しなくてはならない。つまり、それぞれの選択が含意していることは、普遍的であり、それゆえ持続的であるべき神の意志への帰依である。したがって、特異で純粋に気まぐれな意志と普遍的な意志とが直接に重ね合わされていることになる。普遍的な意志へのコミットメントであるという点だけ取り出せば、それは、イスラーム教のような宗教への執着と変わらない。気まぐれな意志の産物でしかないということを見れば、日本的な「空気」に似ているようにも思える。しかし、ブレイの教区牧師の振る舞いの中に現れていることは、つまりこの教区牧師の体制順応的な選択を導き出した、イングランドという集合的主体の選択は、そのどちらとも異なっている。

ここでとりあえず確認すべきは、次のことである。ブレイの牧師の日和見主義は、一見、浅薄でお気楽なものに思える。だが、ほんとうは、強い懐疑や不安に駆り立てられなくては、彼が見せたような態度の変化は生じない。神の（普遍的な）意志が何であるか不確定だとすると、それは、とてつもなく深い不安として体験される。不安は、何らかの意志を、神のうちに（その度に）見出すことによってのみ克服され、解消される。見出された神の意志は、しかし、それが妥当であることの、何らの根拠も保証ももたないので、偶発的な事情によって、すぐに別のものに置き換えられる。したがって、神の意志とされたものは、結果的には、まったくの気まぐれのようなものになってしまう。

繰り返し強調しておけば、『ブレイの教区牧師』のような行動は、イスラーム教のもとでは、原則的には現れない。キリスト教信仰の基底にあるような、あるいはアベロエスが「哲学者」に託したような不安が、イスラーム教の条件になっていないからだ。

ここで、われわれは、かつてアンリ・ベルクソンが『道徳と宗教の二つの源泉』で導入した、宗教の二分類を援用してみてもよいかもしれない。[*10] ベルクソンは、静的宗教と動的宗教がある、と述べている。[*11] 宗教は、一般に、人間の行為や態度、あるいは心の習慣を固定的に指定するものなので、定義上、静的なのではあるまいか。社会は、宗教に抗することでしか、ダイナミズムを得られないのではないか。このように考えたくなる。しかし、ベルクソンは、動的な社会をもたらす動的宗教がある、とする。確かに、ブレイの牧師と彼の時代のイングランドを見れば直ちに明らかなように、キリスト教は——少なくともある種のキリスト教は——動的宗教と見なすべきだ。個人と社会の変化が、まさに宗教によって促進されているからだ。

ここまで「法の支配」を可能なものとした要因を探り出すことを主たる目的として考察してき

た（第4章以降）。「静的宗教／動的宗教」という差異に到達したところで、われわれは、別の課題を解く手がかりも得たことに、気づかなくてはならない。別の課題とは、「資本主義」についての疑問である。どうして、資本主義は、イスラーム圏ではなく、西洋でまずは勃興したのか。少なくとも、こう言うことはできるだろう。資本主義のような社会現象に親和的な宗教は、動的宗教であるはずだ、と。ここに、資本主義をめぐる謎を解くための鍵の一つがある。

1　科学革命のほんのわずか前に始まり、科学革命とほぼ同時進行していた宗教改革の運動の中では、よく知られているように、「聖書へ還れ」ということが謳われる。そのことが、劇的で逆説的な結果を生む。この事実から、われわれがここで論じていることを支持するさらなる証拠が得られるのだが、ここはまだ宗教改革について詳しく論ずる段階ではない。宗教改革の逆説的な結果の一端は、本章第4節で見ることができる。関連する重要な事実として、次のことを指摘しておこう。中世のカトリック教会のもとでは、一般の信者は、実質的には、勝手に聖書を読み、解釈することができなかった（俗語の聖書を読むことは禁じられていたし、普通の信者はたいていラテン語の知識をもたなかったため、公認のラテン語聖書、つまりウルガタ聖書を読むことができなかった）。教会は、信者が教会の認めている適切な注釈者を経由して聖書にアプローチするように注意をはらっていた。直接の読解が禁じられていることで、解釈に曖昧さが宿るようにも思えるが、実際の効果はむしろ逆であった。この禁止は、聖書の解釈の幅に限界を、つまり――本文で使っている記号を用いるならば――変数Xの変域を限定する効果をもったのだ。聖なるテクストの真意にじかに触れることの禁止は、――前章で論じたことと対応させておけば――偶像崇拝の禁止と等価な機能を果たしたと言ってよいだろう。宗教改革と聖書の関係については、続篇（近世篇）で、ルネサンスと関係づけながら論ずることになる。

2　大澤真幸『量子の社会哲学――革命は過去を救うと猫が言う』講談社、二〇一〇年、第2章。ガリレオ・ガリレイ『偽金鑑識官』、一六二三年。

3　「空中浮遊人間」説とは、次のような思考実験である。今、一人の人間が、一挙に完全なかたちで創造され、この世界に出現したとする。ただし、彼のすべての知覚・感覚は遮断されていると仮定する。彼は完全に目隠しされていて、外界を見ることができない。周囲には一切の音がない。さらに、触覚も遮断されている。彼は空中に、いや真空中に浮遊しており、空気の流れや抵抗すら感じないのだ。四肢も互いに離されており、自分自身の身体に触れる感覚も得られない。さて、このとき、彼が、自分は存在しているのだろうか、と反省したとき、どのような回答を得るだろうか。アビセンナは、このように問いを立てる。アビセンナによれば、この人間は、すぐに結論に達する。「私は存在している」と。なぜなら、彼は外界についても、自分の身体についても知覚していないが、まさに自分の存在について問いを立てている以上は、自分が存在しているという意識だけは確実に在るからだ。この推論は、確かに、私は考えている以上は存在しているのだ、というデカルトの「第一原理」によく似ている。

4　井筒俊彦『イスラーム思想史』中公文庫、一九九一年、三八六頁。

5　イブン・ルシド（アベロエス）の思想については、次を参照。同、第四部第三節。

6　井筒俊彦は、イブン・ルシドの「宗教・哲学一致論」を要約した後で、こう付け加えている。「果してこのような説が、宗教と哲学を本当に一致させることに成功したか、あるいはまた反対に両者を完全に引き離してしまう結果になったか、それはイブン・ルシド自身の意図とは別の哲学史的問題である」（同書、三八五頁）。

7　同書、三八二―三八三頁。

8　次のようなエピソードがある。ある日、預言者ムハンマドが、一人の黒人の女奴隷に「神様はどこにいると思うか」と質問すると、彼女は「天にいらっしゃいます」と答えた。ムハンマドはこの答えをよしとして、彼女を解放し、自由の身にしてやった。このエピソードが示しているように、預言者（ムハンマド）の方は、「神は天にいる」という俗人の答えに大いに満足している。しかし、哲学者であったら、この答えを肯定しなかっただろう。ここにイスラーム教の正統（預言者）とアベロエス（哲学者）の間の不一致が現れている。

9　この風刺詩については、次を参照。ウォルター・ラッセル・ミード『神と黄金』寺下滝郎訳、青灯社、二〇一四年（原著二〇〇七年）、上第十一章。

10　アンリ・ベルクソン『道徳と宗教の二つの源泉』Ⅰ・Ⅱ、森口美都男訳、中央公論新社、二〇〇三年（原著一九三二年）。

11　ベルクソンの宗教の二類型の意義については、W・ミードが巧みに紹介している（ミード、前掲書、三一四〜三二七頁）。われわれの議論もこれを参考にしている。

第8章　奴隷の軍人

1　失意のロレンス

『アラビアのロレンス』（デヴィッド・リーン監督、一九六二年）の終盤で描かれている、悲惨な出来事を思い起こすところから始めてみよう。

この映画は、イギリス陸軍将校のトマス・エドワード・ロレンスの実際の経験に基づいている。ロレンスは、第一次世界大戦のときのイギリス軍の工作員で、オスマン帝国から独立しようとするアラブ人たちの活動を支援した。イギリス軍は、オスマン帝国軍に対抗するために、アラビア語ができ、アラブ文化にも詳しい、変わり者のロレンスに、アラブ独立運動とコンタクトをとるように命じたのだ。独立運動に関わる反乱者を、イギリスに協力させるためである。しかし——ここが肝心な点だが——ロレンスはイギリスのためではなく、アラブ人たちのための独立を支援した。

映画の後半で、ロレンスは、イギリス陸軍から、アラブ人を指揮してダマスカスを攻略せよ、との命令を受ける。それまでの工作活動ですでに疲弊していたロレンスは、異なるポストに異動したいとも考えていたが、この任務を引き受けることになる。その際、彼は、アラブ人のためには、イギリス陸軍の正規部隊よりも早く、アラブ人の反乱軍がダマスカスに到着することが死活的に重要だということを理解する。イギリス、フランスそしてロシアの間に秘密の協定があって、アラブ人を無視して、オスマン帝国の領土を分割統治することが決められていることを知ったからである。*1 途中で凄惨な戦いがあったりしたが、ロレンス率いるアラブ人部隊は、イギリス軍よりも早くダマスカスに到着し、ここをオスマン帝国軍から解放することに成功した。ここまではおおむね、ロレンスが意図していた通りに事態が展開してきた、と言える。しかし、この後、もくろみ通りには、ことが運ばなかった。

ダマスカスとオスマン帝国領を確保するためには、アラブ人たちがダマスカスを実効的に支配しなくてはならない。そのため、アラブ人の戦士たちを集めて「アラブ国民会議」が開催されたのだが、各部族が、勝手に利己的な要求を主張しあい、話し合いはまったく成り立たず、会議は大混乱に陥ってしまう。当然、ダマスカスの行政はまったく機能しない。電力は不足するし、火事が起きてもまともに消火活動がなされない。病院も荒れ放題だ。こうなっては、アラブ人がダマスカスに先着したことの意味は、消えてしまう。

ロレンスはアラブ人に失望し、アラビアを去ることを決意する。「砂漠などもう二度と見たくない」と。ロレンスが病院を見にいったとき、彼は、遅れて到着してきたイギリス軍の医療隊と遭遇する。医療隊の一人は、病院のあまりの惨状に怒りを覚え、――ロレンスをアラブ人と勘違いして――ロレンスに平手打ちを食らわす。失意の中、アラビアを去ろうという日、ロレンスは、食堂で、一人のイギリス人から熱い握手を求められる。彼は、ロレンスを、イギリス陸軍の英雄だと激賞したが、今、手を握っている相手が、少し前に病院で自分が殴った男と同一人物であることに気づいていない。[*2]

ロレンスは意図に反して、イギリス軍人としては成功したが、アラブ人としては失敗した。ダマスカス占領後のアラブ人の混乱ぶりに愕然としているロレンスに、スンナ派のハーシム家の族長ファイサル――ロレンスがアラブ人の中に入るにあたって最初に接近したのがこの男である――が語った言葉が示唆的である。「戦士の仕事はもうなくなった。取引は老人の仕事だ。若者は戦い、戦いの美徳は若者の美徳だ。勇気やら未来への希望に燃えて。そして平和は老人が請け負うが、平和の悪は老人の悪であり、必然的に相互不信と警戒心を生む」。アラブ人は、戦士であるロレンスをもはや必要としていない、というわけだ。

2　軍事奴隷システム

『アラビアのロレンス』の結末を、少していねいにふりかえったのは、以前提起しておいた懸案の問いに答えるためのヒントが、ここに隠れているからである。懸案の問いとは、次のことである。

第3章第3節で、絶頂期のオスマン帝国で採用されていた「デヴシルメ」という作戦行動のことを紹介した。四年に一度、役人が、バルカン半島のクリスチャンの居住地域に派遣され、村々で、健康で有能な少年を集めてくる。少年たちは、家族から強制的に引き離され、奴隷として首都イスタンブールに送られるのだ。しかし、奴隷の少年たちは、首都で惨めな生活を送ったわけでもなければ、きつくきたない労働に従事させられたわけでもない。逆である。彼らは、最高の教育を施され、学問や技芸を習得させられた。もちろん、そこにはコーランを含むイスラーム教の教育も含まれており、少年たちは、忠実なムスリムになった。何のために、そんなことをわざわざするのか。能力や適性に応じて、彼らは、軍人や高級官僚などの職に就かされたのだ。オスマン帝国の精鋭軍隊として、ヨーロッパで恐れられたイェニチェリは、このようにして集められた少年たちをもとにして作られた。

ロレンスが活躍した頃の、つまり二〇世紀初頭のオスマン帝国では、デヴシルメはとっくに廃れている。イェニチェリは、一九世紀の前半に、時代遅れの制度として廃止され、オスマン帝国でも、ヨーロッパ風の軍が組織された。[*3]

だが、この種の制度があったのは、オスマン帝国だけではない。「この種の制度」とは、異民族や異教徒（非ムスリム）から強制的に徴集してきた者を奴隷とし、教育や訓練をほどこし、イスラーム教徒へと転換した上で、最終的には、能力に応じて軍人や高級官僚として活用する方式である。この方式は、オスマン帝国よりはるかに前から、イスラーム系の諸王朝で採用されてきた。トルコ系であろうが、アラブ系であろうが、民族の系統には関係なく、イスラーム系の諸社会では、広く一般的に見られたやり方である。

疑問は、どうしてこのような方法が採用されていたのか、ということだった。なぜ、こんなめんどうな方法で、軍人や官僚を育てなくてはならなかったのか。この制度は、何への対策だったのか。何に抗して、このような制度が編み出されたのか。この疑問への答えが、『アラビアのロレンス』の中でも示唆されているのだ。この後に説明するが、奴隷を軍人や官僚へと転換するというこの方法は、ほとんどの文明、ほとんどの社会が直面する、たいへん一般的な問題への対応策になっている。つまり、特にイスラーム圏に固有の難問を解決するために、このような制度が考案されたわけではない。

すると、ただちに別の疑問が出てくる。この制度は、世界史的な観点から見ると、たいへん特殊なものである。つまり、この種の制度は、イスラーム圏でしか見られなかった。これは、たいへん一般的な問題に対する、きわめて特殊な解なのだ。たとえば、中華帝国で、「蛮族」から無理矢理連れてきた者を奴隷にして、漢字や儒教を教育することで、官僚にする、というようなことはなかった。「蛮族」的に位置づけられていた周辺的な民族が中原に侵出し、自ら文字や儒教を学習して統治者になったことは何度もあったにもかかわらず、である。後にイスラーム圏になったところでも、イスラーム教の登場・普及の前には、こんな方法はなかった。どうして、イスラーム圏でだけ、このような制度が活用されたのか。イスラーム教のもとでのみ、このような方法が有効だったのは何故なのか。

＊

まずは、最初の疑問、奴隷の軍人や官僚は、どのような困難を解決するためのものだったのか、ということに答えたいのだが、その前に、ごくかんたんにこの制度の歴史をふりかえっておこう。[*4]

異教徒や異民族からかき集めた奴隷を軍人として使用する制度、つまり軍事奴隷システムは、アッバース朝[*5]で発達した。[*6]アッバース朝の第三代カリフ、マフディー（在位七七五―七八五年）

は、解放奴隷を、近衛兵のように自分のすぐ近くに侍《はべ》らせたという。しかし、国家の軍事力の中心に、外国人の奴隷を組み込むようになったのは、第七代カリフのアル＝マームーン（在位八一三―八三三年）と、その次のカリフ、ムウタスィム（在位八三三―八四二年）のときである。彼らの時代に、アッバース朝は中央アジアのトランスオクシアナを征服し、トルコ人の多くが帝国の中に編入された。トルコ人は、戦闘能力の高さで、当時から知られていた。アル＝マームーンは、四千人のトルコ人の奴隷を衛兵に編制したという。この奴隷軍人が後に「マムルーク」と呼ばれるようになった。[*7] ムウタスィムは、マムルークの中核部隊をさらに、七万人の規模にまで一挙に拡大した。

アッバース朝は、一〇世紀頃には弱体化し、一三世紀の半ばには滅亡してしまう。アッバース朝が滅亡してから、一六世紀前半にオスマン帝国が十分に強大になるまでのおよそ三百年間は、イスラーム教にとっては、苦しい時代だった。十分に強い政治的後見人がいなかったからである。その間、イスラーム教を外敵から護り、継承するのに最も大きく貢献したのは、軍事奴隷システムをそのまま名前に冠した王朝、つまりマムルーク朝（一二五〇―一五一七年）だったと言っても過言ではない。マムルーク朝は、エジプトからシリアの地域を支配した、イスラーム系の王朝である。

マムルーク朝の起源は、アイユーブ朝のバフリー軍団にある。クルド人の王朝アイユーブ朝の、実質的な最後のカリフ、サーリフが創ったのが、バフリー軍団だ。「バフリー」は、司令部があった要塞（ナイル川の島の中にあった）の名前に由来する。バフリー軍団は騎兵で構成されていた。彼らは、クルド人ではなく、主としてトルコ人の奴隷だった。そのバフリー軍団を率いていたのが、バイバルスという名のトルコ人であり、事実上は、彼が、マムルーク朝の初代スルタン（王）である。マムルーク朝が、アイユーブ朝に取って代わったのである。こうした経緯から明らかなように、奴隷の軍団の方がついに独立して、そのまま国家になってしまったのだ。エジプトに上陸した、ルイ九世の第七次十字軍を撃破したのは、バイバルスが率いたバフリー軍団である。ルイ九世は捕虜になり、当時のフランスの「国内総生産」に匹敵する身代金が必要になった。また、東からやってきたモンゴル軍の進撃を食い止めたのも、バフリー軍団とマムルーク朝であった。マムルーク朝のおかげでイスラーム教が救われたことになる、と述べたのは、こうした事実があるからである。もしマムルーク朝の、つまり奴隷である軍人の活躍がなかったら、イスラーム教徒は激減し、世界のすみで細々と継承されているだけの小さな宗教のひとつになりさがっていたかもしれない。イスラーム教が、今日、かるく十億人を越える信者を有するほどの勢力をもっているのは、マムルーク朝のおかげだったのかもしれない。

イスラーム圏で最も偉大な歴史家イブン・ハルドゥーンは、実際に、そのように結論している。彼は、マムルーク朝のあった一四世紀に、北アフリカにいた。『歴史序説』の中で、イブン・ハルドゥーンは、次のように書いている。

そのとき〔アッバース朝の贅沢によって信仰が危機に瀕していたとき〕、神は慈悲をもって、虫の息となった信仰を復活させ、エジプトの地でイスラーム教徒の統一を回復してくださった。神は（中略）このトルコ民族の中から、イスラーム教徒のために指導者と支援者を送られた。指導者と支援者は、奴隷制度のもとで、「戦争の館」から「イスラームの館」へと連れて来られたのだ。奴隷制度の奥には、神の祝福が隠されている。奴隷とされたおかげで、彼らは栄光と祝福を学び、神の摂理を知ることができた。奴隷となったおかげで、彼らは癒され、本ものの信者の強い決意をもってイスラム教に入ることができた。*8

ここで、「イスラムの館」は、イスラーム法（シャリーア）が通用している領域を、「戦争の館」は、その外にある異教徒の領域をそれぞれ指す、イスラームの用語である。これによると、奴隷制度は、イスラーム教徒と奴隷の両方にとってよいことだ。イスラーム教徒は、軍事指導者や支援者を獲得したし、奴隷は神を知ったのだから。

オスマン帝国が、すでに述べたように、軍事奴隷システム（マムルーク制）を改良し、完成させた。その際、鍵になるのが、「レアーヤー」と「アスケリ」という、人間の間の区別である。レアーヤーは、帝国の一般の市民のことであり、その中にはムスリムも非ムスリム（ユダヤ教徒やキリスト教徒）もいた。重要なのは、アスケリである。アスケリは、軍隊や官僚といった支配のための制度の中に組み込むべく集められた者たちである。アスケリはみなもともと非ムスリムで、そして奴隷である。レアーヤーは、望んでも、軍人になることも、役人になることもできなかった。軍隊や行政機構に入るのはアスケリであり、彼らは、デヴシルメによって集められたキリスト教徒の中から、毎年補充されたのである。*9

3 部族主義に抗して

さて、一つ目の疑問は、イスラーム世界ではどうして、このような奇妙な制度が生まれ、長く維持されてきたのか、であった。異教徒や異民族から強制的に連れて来た奴隷を、軍隊として編制したり、行政機構の中心に組み込んだり、といったことがどうして行われてきたのか。これはいったい何のための制度なのか。

アラビアでロレンスが、なぜうまくいかなかったのかをよく見ると、答えはおのずと示唆される。「アラブ国民会議」の混乱は、個々のアラブ人にとって、アラブ人という民族=国民としての連帯より、自分が所属している部族への忠誠心や部族の利害の方がはるかに重要だったということを示している。それぞれの戦士は、「アラブ人である」ということに二次的な価値しか見ていない。それ以前に、彼らは、それぞれの部族のメンバーであり、部族としての誇りの方をはるかに重視しているのだ。だから、いくつもの部族は、たまたま共通の敵(オスマン帝国)がある限りは、互いに団結していられるのだが、そうした敵を失えば、たちまちバラバラになってしまう。部族の間の利害は必ずしも一致しないし、それ以上に、部族に与えられる「承認」は稀少である。ある部族が承認されたり、尊敬されたりするということは、相対的に他の部族が低く評価されることを含意している。そして、すべての部族を平等に承認するということは、誰も承認されていないという状態に等しい。かくして、部族の間の葛藤は避けられない。

ロレンスの軍隊は、部族の集合である。それは、部族を越えたレベルでの統一、つまり「アラブ人」という統一を構築できてはいなかったのだ。ダマスカスにいた目前の敵をけちらしてしまったために、この弱点が露呈したのである。この点に留意して映画をふりかえってみると、麗しく感動的なエピソードにも、実は部族の論理が貫かれていたことがわかる。

映画前半の感動的なシーンをとりあげてみよう。ロレンスは、アラブ人の反乱軍を説得して、アカバ港のオスマン帝国軍を陸地側から奇襲する作戦に同意させる。アカバ港の帝国軍の大砲は、すべて海側を向いていたからである。陸からの奇襲のためには、しかし、夜間に、延々と続く砂漠を行軍しなくてはならなかった。その行軍の途中で、ロレンスは、一人の男が脱落して、いなくなっていることに気づいた。彼は戻ってその男を救出すると主張するが、他の者たちは、それは不可能だ、そんなことをしたらお前も死んでしまう、と猛反対した。この反対を押し切って、ロレンスは一人、行軍してきた経路をもどり、その脱落した男を助け出してきたのだ。男と一緒に帰ってきたロレンスを、アラブ人たちは賞賛し、ロレンスに白いアラブ風の衣装を与えた。アラブ人たちがロレンスを真に受け入れたのはこのときだが、この衣装の意味するところは、「ロレンスは一人だけの部族である」ということだ。ロレンスはよそ者なので、どこかの部族に入れるわけにはいかない。しかし、彼らはいずれかの部族の一員であるということによってしか、仲間を承認することはできない。このジレンマを解決するためには、ロレンスを単独の部族とするしかない。

この話には、さらに悲しい後日譚が続く。ロレンスたちは、アカバ港のすぐ近くまで来たとき、アウダという男が率いている大きな部族（ハウェイタット族）に遭遇した。彼らは、それまでずっとオスマン帝国側に与《くみ》していたのだが、ロレンスは、アウダを、アラブ人の反乱軍へと寝返らせることに成功した。ところが、その直後に困ったことが起きる。ロレンス側の兵士の一人がアウダ側の兵士の一人を殺してしまったのだ。何と、殺したのは、ロレンスが決死の覚悟で砂漠から救い出したあの男だった。犯人を許してしまえば、アウダたちとの同盟も決裂してしまう。ロレンスは、苦渋の中、自らこの男を銃で処刑した。すぐに理解できるように、ここで働いているのは、部族と部族の間の（否定的な）互酬の論理、同害報復のルールである（『東洋篇』第13章参照）。

このように、ロレンスの軍隊は、うまくいっているように見えていたときも、部族の論理に基づいていたのだ。このことが、ダマスカスを占領した後には、ネガティヴに作用した。

＊

ロレンスが失敗した原因は、部族の論理を越えて、高次の統一性を実現することができなかったことにある。これと同じ問題が、イスラームの国家や帝国が形成されるときにもあったに違いない。

一般には、人間はまずは、何らかの意味で「近さ」を感じる関係性を媒介にした共同体に対して最も強い所属意識をもち、そして、その所属意識を自身のアイデンティティの拠り所とする。その近さには、物理的なもの、血縁的なもの、あるいは心理的なものが含まれる。そうした近さに基づく共同体が、家族、あるいはバンド（狩猟採集民の群れがその典型）、そして親族集団、村落、部族である。

中国の宗族のような親族集団や、あるいは部族は、ときに、数千人、数万人、数十万人にも及ぶ大集団である。このような大集団では、任意の二人が常に互いを熟知しているわけではない。この意味では、互いの間の関係は必ずしも近くはない。しかし、その場合でも、「近さ」の幻想をもたらす、さまざまな社会的装置がある。親族集団においては、もちろん、「血の共有」とか「共通の祖先」といったイデオロギー的表象が、それである。部族の場合も、同じような表象が用いられるが、それに加えて、平等主義や全員一致《コンセンサス》の原則が、メンバー間の関係の近さを演出している。そのため、部族は、ある脆弱性を抱えることになる。内部に派閥ができたり、ときには、分裂にまで至る可能性が非常に高くなるのだ。全員の意志が一致していることが、部族の連帯の根拠になっているので、意見が異なれば、部族は分裂するほかないからだ。

このような部族の集合として社会が形成されている場合、つまり部族主義が社会システムの原理となっている場合、国家や帝国の構築が困難なことは明らかであろう。国家や帝国、あるいは王や皇帝への忠誠心よりも、部族への忠誠心の方が優越してしまうからである。イスラーム教が普及した領域は、もともと、部族主義の強い地域である。ムハンマド以前も、そしてムハンマドが登場した後も、さらに、ロレンスの時代もそうだった。中東地域や中央アジアにおける、部族主義的なエートスの強さは、現在でも変わらない。[*10] もっとも、部族主義は、特にイスラーム圏にのみあったわけではない。それは、国家が構築される前にきわめて広範に、一般的に見られた社会的事実だ。

われわれが疑問を提起してきたシステム、つまり異教徒や異邦人の奴隷を軍人や高級官僚に就かせるという制度は、まさにこの部族主義に対抗するために生まれたのである。[*11] それは、部族主義を克服して帝国を形成するために必要な、きわめて強力な戦略だった。このことは、もしこの制度がなかったらどうなっていたかを想像してみれば、すぐにわかる。つまり、もし帝国内の一般の人々から、戦士や役人を集めていたらどうなっていただろう。彼らは、帝国や皇帝よりも、部族や親族を優先させることになったに違いない。軍人は、帝国の軍事行動よりも、部族や親族の都合に従っただろう。官僚は、たとえば、税収を、自分たちの部族や親族のために横領し、さらにその特権を自分の子どもに譲ったりして、世襲化したに違いない。

こうした問題を回避するために、異教徒や異民族から奴隷を徴集するという方法が考案されたのだ。奴隷は、部族や家族とのつながりを完全に断った、純粋な個人として集められた。そうでなくては、「部族主義の克服」としての意味がないからだ。いったん徴集された奴隷は、もう二度と、自分の部族や家族のもとに帰ることは許されなかった。また、イスラーム帝国は、ある部族を丸ごと一緒に奴隷にしたりはしなかった。多分、奴隷をたくさん集めたり、とりあえず軍隊のような組織にするには、部族単位で奴隷化した方が簡単だったに違いないが、そうはせず、奴隷は、原則として、個人単位で集められたのだ。その結果、マムルークは、部族的・親族的な背景が異なるよそ者たちの集団になった。

さらに、奴隷軍人や奴隷官僚が、任地で、姻戚や地縁によるつながりを作らないように、注意深く配慮されていた。たとえば、任地の女性との結婚が禁止される場合もあった。より困るのは、マムルークが、その地位を世襲することである。スルタンになってしまう者さえいたのだから、マムルークは、特権的な階層であり、権力ももっていた。当然、個々のマムルークには、その地位を、子に譲りたいという願望があったに違いない。しかし、マムルークの地位の世襲は禁じられていた。マムルーク制度の内実は後に変わっていくのだが（その点については後述）、この制度の基本的な狙いからすれば、世襲は禁止の最重要項目であろう。そうでなくては、マムルークの中に、特権的な親族集団や部族が形成されてしまうからだ。この点を重視して、フクヤマは、マムルークや奴隷軍人・奴隷官僚は、一代限りの貴族だった、と述べている。[*12]

奴隷の軍人・官僚という、イスラームの諸帝国が採用してきたきわめて特殊な制度は、以上のように、世界中のどこにでもあった部族主義を克服するための方法だったのである。だが、何故、それがイスラーム文明圏でのみ採用されたのか。どうして、イスラーム教のもとでのみ、この制度が可能だったのか。

4　ジャーヒリーヤとイスラーム

奴隷として強制的に徴集された異教徒は、教育を通じて、敬虔なイスラーム教徒に作り変えられる。彼らは、部族や家族とのつながりを断たれるわけだが、もともと、帝国やスルタンに対して、愛着や敬意をもっていたわけではない。異教徒の奴隷にとって、帝国もスルタンも関心の外である。彼らに、帝国とスルタンへの忠誠心を植え付ける上で、イスラーム教への改宗は、決定的に重要な契機だっただろう。この点は疑いない。

しかし、われわれの疑問は、こんなところにあるわけではない。もしイスラーム教によって、こうしたことが可能ならば、同じことを儒教やキリスト教やヒンドゥー教で実現することはできなかったのだろうか。たとえば、ヨーロッパの王権やカトリック教会が、異教徒をキリスト教化して、宰相や軍人として使用したらどうだっただろうか。イスラーム圏で成功したのならば、どうして、他の宗教のもとでも同じことが起きなかったのだろうか。

この点を深く考察するための前提として、部族主義的なエートスとイスラーム的な精神との関係をもう少し精細に見ておく必要がある。

イスラーム教が興ったのは、七世紀前半である。イスラームの見地からは、この時点を画期として、人類の歴史は二つに分けられる。以降がイスラーム期であり、それに先立つ、ほとんど無限に長い期間は、「無道時代《ジャーヒリーヤ》」と呼ばれる。つまり「ジャーヒリーヤ／イスラーム」という人類史の段階区分がなされるのだ。このように「ジャーヒリーヤ」は、今日では、一般に、特定の時代、しかもよくない時代を指す術語として用いられるのが普通だが、井筒俊彦によると、もともとは、個人の生き方、個人の実存的な態度に関わる語だった、という。「イスラーム」の方も同様である。[*13]

ジャーヒリーヤとは、どのような意味なのか。これこそ、まさに、部族主義的な倫理に関係した語なのだ。しかも、本来は、それは、よい意味、倫理的な観点からすると最もよい意味をもっていた。井筒俊彦は、次のように説明している。

> ジャーヒリーヤとは、部族社会機構を神聖犯すべからざるものとして尊重する沙漠的アラブの見地からして、「高貴なる男子《おのこ》の高貴なる性《さが》」と認められた不羈独立の精神を指すということ。部族伝来の規律のほかには、いかなるものの権威――それが人間の権威であれ神の権威であれ――の前にも絶対に身を屈しない沙漠的男子の気魄、それが一言でいえばジャーヒ

リーヤなのだ。[*14]

このように、ジャーヒリーヤは、部族社会における「男らしさ」を称揚する概念であることがわかる。われわれのここまでの考察、とりわけ『東洋篇』以来の考察の文脈を勘案した場合には、次のように見なすべきである。まず、部族社会とは、部族たちが、正／負の互酬性によって関係しあっている社会である（『アラビアのロレンス』の中の血讐的な制裁の場面をもう一度、思い起こしてほしい）。このような関係において（正の）贈与を受け取る側に立つことは、贈与者に対して負い目をもって服従することを意味している。ジャーヒリーヤとは、このようなタイプの従属的な態度を最も恥ずべきことと見なすエートスである。競争、いやほとんど戦争に近いような贈与の関係の中にあって、敗者になることを断じて拒否しているのが、ジャーヒリーヤである。

ムハンマドの登場以降は、ジャーヒリーヤは、過去の悪い時代を指す語になった。ということは、イスラーム教は、根本からの価値の転換をもたらした、ということになる。「イスラーム」という語の本来の意味を考慮すると、このような推測があたっていることがわかる。井筒によれば、イスラームの字義は、「無条件的な自己委託」「自分を相手に引き渡してしまうこと」である。[*15]イスラームとは、自我の意志や意欲の自律的で積極的な動きを抑え、徹底的に他者の意志に自分を委ねることを意味している。その他者は、もちろん、「神《アッラー》」である。

このようにジャーヒリーヤの態度とイスラームの態度は、真っ向から対立する。言い換えれば、ジャーヒリーヤの立場から見ると、「イスラム」ほど悪いこと、人間として避けねばならないことはほかにない。ジャーヒリーヤとイスラームは、倫理的な態度に関して互いに相手を否定しているだけではない。それぞれが前提にしている、社会のあり方もまた、まったく対立的である。

ジャーヒリーヤが前提にしているのは、それぞれの個別の部族が自律的であろうと競争しているような社会である。言い換えれば、——部族間は競争的・相克的な関係にあるが——同じ部族のメンバー同士であれば、献身的に助け合うことになる。井筒は、血の共通性に依拠した相互扶助を頼りにできなければ、アラビアでは砂漠でも都市でも、とうてい生きていくことはできなかった、と論じている。[16]

部族の分立と対内道徳と対外道徳との鋭い違い。これがジャーヒリーヤ的な社会構造だとすると、イスラームの宗教共同体の理念は、これと正面から衝突している。ウンマ（イスラーム共同体）は、理念上は、血縁関係の重要性も、また部族の特殊性も根本的に否定する、普遍的な共同体である。ウンマには、信仰の共有という一点を別にすると、人間の社会的な統一の原理は一切ない。他の要因による分立や優遇など、もってのほかである。

このようにジャーヒリーヤとイスラームの極端な対立をあらためて見直してみると、誰もがふしぎな印象をもたざるをえない。イスラーム教は、「これ以上に不適切なところはほかにない」というような場所で誕生し、また普及したのではないか。ジャーヒリーヤ（独立不羈）をこれほど強調する文化的な土壌は、イスラームの教義にとって、非常に大きな障害であったはずだ。何か新しいものが導入され、急速に拡がったりしたとき、われわれは、しばしば、後からふりかえって、そうしたものを受け入れる素地がもともとあったと気づくことがある。しかし、イスラーム教の場合は違う。最もありそうもない場所、最も育ちそうもない場所で、イスラーム教は大発展をとげ、定着したのである。どうして、そんなことが可能だったのか。

と、同時にこれとは反対の印象にも当惑することだろう。イスラーム教は、今日まで続き、おそらくキリスト教の次に多くの信者を抱えている。しかも、キリスト教や仏教とは違って、イスラーム教は、言わば原形を留め、その本来の精神をそのまま持続させている（ように見える）。これほど生活に実質的に定着した宗教はない。にもかかわらず、ジャーヒリーヤ的な精神、部族的な自律の倫理は、撲滅されたようすもなく、現在でも続いている。ロレンスの献身を挫折に導いたのも、アラブ人たちのジャーヒリーヤである。イスラーム教が生活に根付いているという事実とジャーヒリーヤ的なエートスが衰えていないという事実、この二つをどのようにしたら統一的な視野の中に収めることができるのだろうか。

奴隷を軍隊と行政機構の中核におくという、きわめてユニークなシステムが、どうしてイスラーム教のもとでのみ現れ、一定の成功を収めたのか。このことを説明していくと、これらの疑問も一緒に解けることになる。

5　法家とイスラーム

探究のための補助線をもう少し引いておこう。いかにして、部族主義的な分散を克服して、統一的な社会構造を実現するのか。これは、国家や帝国を構築しようとする社会システムにとっては、一般的な課題である。イスラーム以外の他の文明圏は、この課題に、どのように対応してきたのか。『東洋篇』ですでに検討したインドと中国のケースを、イスラーム帝国と比較対照させるために、再確認しておきたい。

インドは、この課題に対して、「完全には解かない――途中までしか解かない」という戦略で応じた。インドは、部族社会的な分散を、カーストの複雑なヒエラルキーに再編したのだった。しかし、カースト制度は、社会システムを、大規模で一元的な統一にまで収斂《しゅうれん》させないところにこそ、特徴がある。この制度は、収斂へと向かうダイナミズムに、ブレーキをかけているのである。そのブレーキに対応しているのが、贈与が連鎖して互いに関係しあうのを抑制する、カースト制度に内在した社会的メカニズムなのだが、この点について詳しく再論する必要はあるまい。

実際、インド亜大陸が、単一の国家として統一されたことはめったにない。統一が実現したと言えるのは、最大版図にまで到達したときのムガル帝国（一七世紀末から一八世紀初頭）と、イギリスによる統治時代の二回であろう。前者は、中央アジアから侵出してきたイスラーム教徒が創った帝国であり、後者は、もちろんイギリスによる植民地化の産物だ。つまり、どちらも外来者がもたらした統一国家である。インドは、王国や共同体、部族などが分裂したまま、小競り合いをしているのが常態であった。とりあえず「国民国家」という体裁をとっている現在でも、インドの「統一性の不在」は顕著である。

*

したがって、インドは、イスラーム帝国との対照という点では、あまり参考にならない。興味深いのは、中国のケースだろう。中国には、イスラーム教の登場に八百年以上も先立つ頃から、統一的な帝国が実現した。帝国は、何度も崩壊したが、その度に再生した。中国という社会システムは、あの課題、部族主義的な分散をどう克服するかという課題に、ひとつの解決を提起したと見なしてよいはずだ。中国の解答は、どのような内容をもっていたのだろうか。[*17]

中国の国家の中心的なイデオロギーは儒教だとされているが、秦の始皇帝は、そもそもの始まりにおいて、儒教を大弾圧したことを思い起こしておくべきである。なぜ、始皇帝は儒教を敵視したのだろうか。始皇帝が気に入らなかったのは、儒教の家族主義である。儒教にとっては、家族への忠誠心、とりわけ父（あるいは両親）への孝は、皇帝への忠誠心よりも重要だ。儒教を撲滅しなくては、秦帝国の安定は不可能だ。そのように始皇帝とその側近は考えたのである。

始皇帝が代わりに活用したのが法家のイデオロギーと統治技法である。法家の方法の要諦は、結論的に言ってしまえば、伝統的な地縁・血縁の共同体から個人を完全に切り離し、その上で、「完全な信賞必罰」という意味で、それら諸個人を平等に扱うことにある。たとえば、法家の商《しょう》鞅《おう》は、拡大家族を小さなグループに分解した上で、各メンバーに、グループ内の他のメンバーを監視するように義務づけた。つまり、小さな家族の内部で、互いに互いの違背行為を密告させたのだ。こうなれば、家族は、相互不信によってバラバラになる。

すると、われわれは、イスラームのシステムとの関係で、次のような対応を認めることができる。始皇帝は、イスラームのスルタンが部族主義に見たのと同じような危険を、儒教のイデオロギーに嗅ぎ取ったのだ。部族主義（ジャーヒリーヤ）に対しては、イスラームが対置された。始皇帝は、家族主義（儒教）に法家を対置した。言わば、「儒教―法家」の対と、「ジャーヒリーヤ

―イスラーム」の対との間に、相同性があるのだ。

だが、秦はたった十五年しか続かなかった。家族主義を一掃した後に残る空白を埋めるために、法家は、理念の上でも、また具体的な規範の内容の点でも、あまりにも貧しかったからだ。そこで、秦の後に出てきた漢は、儒教を復活させた。漢以降の、中国の歴代王朝は、原則として、法家的な手法と儒教的なイデオロギーを、あいまいに混合させて活用したのだ。表向きの公式のイデオロギーは、儒教である。だから、官僚になるための試験、科挙では、儒教の古典にどれだけ精通しているかが試された。しかし、儒教だけでは、「皇帝」を中心とするシステムを基礎づけるには不十分である。そこで、現実の統治にあたっては、しばしば、法家的な手法が採用された。つまり、中華帝国は、儒教と法家の間の整合性について徹底的には追求せず、両者をプラクティカルに使い分けてきたのである。*18

イスラーム文明圏ではどうだろうか。前節で述べたように、イスラーム教が普及しても、ジャーヒリーヤ的なエートスは根絶やしにはされなかった。中国のケースと似て、ここでも、ジャーヒリーヤとイスラームが二本立てになっているかのようだ。とはいえ、純論理的には対立しあう二つの側面を両立させる方法が、中国とイスラーム帝国では、おそらく根本的に異なっている。中国では、法家のアイデアは、公式見解からは消え去ったが、イスラーム帝国では、逆に、神の理念やイスラーム法（シャリーア）こそが、公式の見解である。イスラーム教は、法家より、理念の面でも、法規範の内実の点でも、はるかに豊かだったからである。

中国とイスラーム帝国がいかに異なっていたかということは、もっと細かな点にも現れている。たとえば、部族・親族から切り離された「個人」をどこに求めたか、ということを見れば、違いは明らかである。今しがた述べたように、古代の法家（商鞅）は、相互監視の義務を課すなどして、既存の家族を強引に分解しようとした（そして失敗した）。それに対して、イスラーム帝国は、部族のコネクションをもたない個人を、帝国の外や辺境に、異教徒の領域に、――彼らの術語に従えば――「戦争の館」に探しに行った。それこそが、軍人や高級官僚の候補生としての奴隷である。このような奴隷を用いる奇妙なシステムが、イスラーム教のもとでのみ実現しえた理由を説明するための準備が、整いつつある。

1　この秘密協定は、原案を作成した英仏の専門家・外交官の名をとって、サイクス・ピコ協定と呼ばれている。協定が締結されたのは、一九一六年五月である。

2　同じ人物は、映画の冒頭にも登場している。この映画は、オートバイに乗っていたロレンスが、事故死するところから始まる。彼がアラビアで活動していたときから、十九年後のことである。ロレンスの葬儀が執り行われた教会の入り口で、取材に訪れた新聞記者に、ロレンスの偉大さを説いているのが、この人物である。ついでに述べておけば、映画の最後は、アラビアを去っていくロレンスを乗せたロールスロイスが、オートバイに抜かれるシーンである。このオートバイが、冒頭の、ロレンス自身が跨がっていたオートバイと呼応している。

3　一八二六年に、オスマン帝国のマフムト二世が、イェニチェリの兵舎に火を放ち、およそ数千人の将兵を殺害した。これが、イェニチェリの最後である。背景には、イェニチェリと皇帝との間の根深い対立があるのだが、その点については後の論述を参照してほしい。

4　軍事奴隷制の重要性に特に注目しているのは、フランシス・フクヤマである。われわれもまた、以下の著作に多くを教えられており、この後の説明も、随所でフクヤマに依拠している。フランシス・フクヤマ『政治の起源』上、会田弘継訳、講談社、二〇一三年（原著二〇一一年）、二七七―三三〇頁。われわれの目的は、他者の説を批判したり、自他の所論の細かな違いをいちいち指摘したりすることにあるわけではないので、煩雑さを避けるために、この後で示す私の説明とフクヤマの論との最もはっきりした違いだけ、あらかじめここで述べておこう。私は、この制度に関して、二つの疑問を提起した。第一に、この制度は、どのような課題に対処するためのものなのか。第二に、どうして、イスラーム圏でのみ、このような制度が案出され、定着したのか。前者については、フクヤマは、説得的なアイデアを出している。しかし、後者については、私の見るところ、フクヤマは、ほとんど何も実質的なことを説明していない。この制度とイスラーム教の間にどのような必然的なつながりがあったのか。どうして、似たような制度が中国やキリスト教圏では出てこなかったのか。こうした疑問に、フクヤマの論は答えていない。

5　預言者ムハンマドの死後、四代の正統カリフの時代（六三二—六六一年）が続き、それに直接につながってウマイヤ朝（六六一—七五〇年）の時代に入る。ハーシム家の末裔が、ウマイヤ朝を倒して開始したのが、アッバース朝（七五〇—一二五八年）である。イスラームの王朝の歴史の概略については、第3章第2節を参照。

6　軍事奴隷システムの一般的な背景については、フクヤマの前掲書の他に、以下を参照。David Ayalon, *Islam and the Abode of War: Military Slaves and Islamic Adversaries*, Brookfield, Vermont: Variorum, 1994.

7　厳密に言えば、「マムルーク」という呼称が用いられるようになったのは、アイユーブ朝（一一六九—一二五〇年）の頃からである。ムウタスィムの頃は「グラーム」と呼ばれていた。

8　フクヤマ、前掲書、二九七—二九八頁。邦訳を一部改変した。

9　Norman Itzkowitz, *Ottoman Empire and Islamic Tradition*, NY: Knopf, 1972, pp. 58-59.

10　イラクでの、アメリカ軍の「民主化」の活動は、しばしば部族主義の壁にぶつかっている。たとえば、イラク人の部隊を編制しても、イラク人は司令官よりも、自分の部族の首長のいうことをよくきく。あるいは、中央アジアで活動するさまざまなNPOの記録を読むと、その地域で部族主義がいかに強いかがよくわかる。そうした記録の中で、最も内容豊かで、信頼できるのは、管見の限りでは、アフガニスタンで活動している医師、中村哲氏の多数の著作である。『医者 井戸を掘る——アフガン旱魃との闘い』石風社、二〇〇一年。『辺境で診る辺境から見る』石風社、二〇〇三年。『医者、用水路を拓く——アフガンの大地から世界の虚構に挑む』石風社、二〇〇七年。他多数。
11　フクヤマ、前掲書、二七九―二八七頁。
12　同書、二九八―三〇二頁。
13　井筒俊彦『イスラーム生誕』中公文庫、一九九〇年、一一九―一二九頁。
14　同書、一二〇頁。
15　同書、一二三―一二四頁。
16　同書、一六七頁。「人間の社会的統一は『血』の共通性によってのみ保たれる。正しい血統を通じて一つの血族団体に属さない者にとって、アラビアは生存可能な場所ではなかった、沙漠ばかりでなく、メッカやメディナのような都市においてさえ。そんな人間は要するに流れ者、あぶれ者であって、人間としての価値を認められなかった」
17　『東洋篇』第20章3、４節参照。
18　儒教と法家のバランスという基準で見たとき、中国の歴代皇帝の中で、最も法家の方に傾いていたのは、始皇帝を別にすれば――毛沢東であろう。文化大革命で子どもたちに親を批判させたとき、毛沢東は、商鞅の夢を、つまり家族の内部の相互的な告発のシステムを実現した、と言ってもよいかもしれない。

第9章　信仰の外注

1　貴族は一代では終わらない

異教徒の中から強制的に徴集してきた奴隷を——改宗させた上で——高級軍人や政府高官として活用する。いくつかのイスラーム系の帝国では、このような方法が採用されていた。安全保障と行政の中心的な担い手が奴隷——しかも拉致してきた異邦人の奴隷——だったのだ。これは、世界史的に見てきわめてめずらしいやり方ではあったが、これが対処していた課題は、どこにでも見られた一般的な困難だった。前章でそのように論じた。国家を形成するためには、個人を、家族や親族、あるいは部族の紐帯《ちゅうたい》から断たなくてはならない。つまり、国家は、家族・親族・部族よりも、国家や王（皇帝）への忠誠心が強い、軍人や行政スタッフを必要とする。強引に連れてきた異邦人を、軍人や役人に充当するのは、そうした必要に応える、最も直接的な方法であった。

奴隷の軍人・官僚は、イスラームの用語を用いれば、ジャーヒリーヤ（部族主義）への対抗策である。この制度は、中華帝国において、（儒教とセットになった）法家や科挙と等価な機能を果たしていたと見なすことができる。たとえば、科挙は、親族の絆から自由に、有能な人材を官僚として登用するために導入された。科挙の合格者を出すことは宗族にとって名誉なことだったが、有力な宗族の出身だからといって、科挙の合格率が高くなるわけではなかった。つまり、いわゆる「コネ」は、中国で官僚になるのにあまり役にたたなかった。

さて、するとひとつの疑問が残ることになる。前章でも記したことだが、ここで再び思い起こしておこう。それほど一般的な課題への対処策だとしたら、どうして、奴隷を軍務や行政に充当する方法は、イスラーム圏でのみ活用されたのだろうか？　科挙に類する方法は、今日では、世界中で採用されている。日本の公務員試験を含む官僚資格試験、あるいは官僚に限らないあらゆる資格試験は、科挙的な方法の末裔だと解釈することができる。[*1]しかし、奴隷軍人や奴隷官僚の制度は、イスラーム圏以外では、採用されなかった。奴隷制度そのものが、忌避されたわけではない。誰でも知っているように、キリスト教圏でも、一九世紀まで、奴隷制は当たり前のように持続していたのだから。

ちなみに、王や皇帝に仕えた官僚が、「奴隷」に連なるものであったことは、中国の例からも確認できる。もともと、「臣《しん》」は、諸侯の家内奴隷を指す語である。[*2]奴隷といえども、主人の権勢が大きければ、かなりの権力をふるうことができた。すると、自らすすんで臣になりたいという者も出てくる。それが「官」である。したがって、中国でも、皇帝の行政スタッフの起源は、奴隷だったと言うことができる。しかし、中華帝国は、その奴隷的な地位に就く者を、夷狄《いてき》から強制的にかき集めるという方法は採用せず、大規模な資格試験を通じて選抜した。

中華帝国の方法とイスラーム帝国の方法のうち、どちらが合理的だろうか。イスラームの方法の方が簡単な上に、個人を部族や氏族から分離するという本来の目的にもより適合的だったのではないか。[*3]それならば、どうして、中華帝国では、イスラーム的な方法が採用されなかったのだろうか。[*4]

中華帝国でも、またキリスト教圏でも、異邦人の中から拉致してきた奴隷を、政府や軍隊の要職に就けるという方法は、まったく思いもよらないことだった。なぜイスラーム教のもとにあった文明では、この方法が採用され、一定の成功をおさめたのか。ここでどのような論理が利いているのか。この点を理解することで、われわれはイスラーム教の重要な特徴をも知ることになる。だが、その論理を説明する前に、事実過程をかんたんに要約しておこう。つまり、イスラーム帝国における、奴隷軍人の制度が、どのような運命をたどったのか、その帰趨を見ておこう。

＊

奴隷軍人の制度が最も大きな成果をもたらしたのは、前章でも述べたように、エジプトのマムルーク朝である。これは、スルタン（王）に仕えていた軍事組織が、やがて主人であるスルタンから独立し、自らがスルタンを選出し、国家となった例だと言える。最も成功したこのケースは、しかし、この制度の弱点を最もはっきりと示してもいる。[*5]

結論的に言えば、奴隷軍人たち自体が親族化したり、部族化したりしてしまったのだ。ここまで述べてきたように、奴隷軍人制度は、親族への帰属意識や部族への忠誠心から人を引きはがすことを目的としていた。だから、マムルーク（奴隷軍人）としての地位を世襲することも禁じられていた。有能なマムルークは出世して、「貴族」のようなものになるが、この地位が子孫に世襲されてしまえば、つまり親族関係のネットワークに組み込まれてしまえば、マムルークの制度の自己否定になるからだ。前章でも紹介したように、この点に着目し、フクヤマは、マムルークは「一代限りの貴族」だったと述べている。

だが、出世して、裕福になったマムルークはやがて、その地位や蓄積した財産を、自分の子や孫に遺したいと思うようになった。彼らは、「一代限り」の壁を合法的に破る手段を工夫した。たとえば、イスラームには「ワクフ」と呼ばれる慈善活動がある。病院、学校（マドラサ）、モスクなどを寄進することである。この慈善活動を通じて施設を建設したり、その他の方法で財団を形成したりして、それらの運営を子孫たちにまかせれば、実質的に、特権や地位を世襲したのに等しいことになる。

マムルークにもともと世襲の原則がないことの帰結として、最も困るのは、スルタンを選出するときである。誰が次のスルタンに就くのか、決められないのだ。スルタン候補者の支持者の間で、激しい内部抗争がなされたりした。ときに、強大な敵が迫っているときにも抗争を止めることができず、そのさまは、『アラビアのロレンス』の結末を連想させる。[*6]

スルタン選出をめぐる争いにも現れているように、マムルークたちは派閥を形成し、それが、やがて部族的な集団になっていった。強力な親族の紐帯をもたないマムルークたちは、民族や人種の類似性を基礎にした疑似部族に分かれ、互いに争ったのだ。あるいは、先行世代には特権があったので、年齢や世代が疑似部族的な凝集力の核となることもあった。最終的には、マムルーク朝は、国家から、利己的な特権を引き出すことを主たる目的とする軍閥の集まりのようなものに堕していった。スルタンや国家への忠誠心よりも、疑似部族としての軍閥・派閥への所属意識の方が強く、スルタンといえども、どんぐりの背比べ的な部族の首長たちのトップというレベルを越えないものになっていった。要するに、マムルーク制度は、部族主義に対抗するために生まれたのに、まさにその部族主義に回帰して自滅したのである。

*

オスマン帝国は、マムルーク朝の失敗から学習していたので、奴隷軍人の制度をもう少しだけうまく活用した。しかし、紆余《うよ》曲折の末、ほぼ同じ結果に終わった。

オスマン帝国の奴隷軍人制度の骨格を理解するためには、帝国の地方統治のシステムを知っておく必要がある。[*7] 地方統治は、スィパーヒー sipahi と呼ばれる騎士に委ねられた。スィパーヒーには、ティマール timar と呼ばれる領地が与えられた。[*8] ティマールは、一個または数個の村から成っており、スィパーヒーには、そこからの徴税権が与えられていた。それだけあれば、スィパーヒーは、自分自身と馬と、その装備とを十分に賄うことができたのだ。税は物納され、それを換金するのは、スィパーヒー自身だった。スィパーヒーは、自分の領地（ティマール）の治安や裁判に対して責任を負った。スィパーヒーには、もちろん、戦時には前線に赴き、戦闘に従事する義務があった。この制度を、ディルリク dirlik 制度と呼ぶ。[*9] このような制度が維持できたのは、オスマン帝国の領土が、どんどん拡張していたからである。

オスマン帝国では、このディルリク制度と奴隷軍人制度はセットになって機能していた。[*10] オスマン帝国がマムルーク朝の制度の欠陥を排するために最も注意した点は、「文民統制」の維持である。つまり、文民と軍人とを明確に区別した上で、軍人を文民に厳格に従属させたのだ。もっとはっきり言えば、奴隷軍人がスルタンになることを禁じたのだ。

奴隷軍人制度が生み出したエリートの地位が世襲されないように配慮した点では、オスマン帝国もマムルーク朝と同じだが、オスマン帝国の方がより徹底していた。イェニチェリ（精鋭の歩兵常備軍団）の息子がイェニチェリになることは禁じられていた。そもそも、帝国の初期の段階では、イェニチェリは、結婚し家族をもつこと自体が許されていなかった。政庁付きのエリート・スィパーヒーの息子は、スィパーヒー・オウラン（新兵）の軍団に見習いとして入ることが許されていたが、孫は絶対的に拒否された。このように、オスマン帝国は、世襲のエリート家系が生まれては、奴隷軍人を導入したことの意味自体が否定されることをよく理解していたと思われる。

それでも、最終的には、オスマン帝国は衰退した。衰退の原因は、いくつもある。帝国が大きくなり過ぎて、これ以上の拡大が難しくなったこと、何らかの原因で人口が急増したためにインフレが進行したこと、戦争に火器（鉄砲や大砲）が導入されたことによる戦術の変化に対応するために財政危機に陥ったこと、等々と。だが、ここでの考察に関係しているのは、奴隷軍人制度の変化だけだ。奴隷軍人制度の内的な破綻も、帝国の弱体化の有力な原因の一つだった。

最初は、奴隷軍人マムルークが、自身の身分や財産を子に相続させることをかたく禁じていたのだが、やがて、彼らの相続への要求を斥けることが難しくなるのだ。[*11] もともと、イェニチェリには独身を強制し、彼らが家族をもつことすら禁じていたが、このルールを緩和することを求める圧力は、イェニチェリの内部から絶えず出ていた。帝国政府は、この内側からの圧力に少しずつ譲歩せざるをえなくなる。その原因は、二つある。第一に、財政逼迫がある。厳しい規制に服している者に対して、経済的に報いることが困難になるのだ。第二に、イェニチェリが、帝国防衛にとっての重要度を増してくると、彼らは、その要求を無視できない圧力団体へと転ずる。こうして、世襲を禁ずる規制は、段階的に緩和されていく。まず、イェニチェリが結婚し、子をもつことが許可される。やがて、息子を軍に編入することも一定数、許される。一七世紀の半ばには、デヴシルメによる徴集が廃止され、イェニチェリが自分の地位を子によって補充する——つまりは地位を相続する——という情況が、追認されるまでになった。[*12]

結局、オスマン帝国も、マムルーク朝の後期とよく似た事態に陥ったことになる。イェニチェリは今や、スルタンのためではなく、主として、自分自身の家族や親族のために行動するようになる。イェニチェリは親族単位の利益集団に転じたのだ。彼らは、首都で、定期的に未払い分の俸給を求める暴動を起こした。イェニチェリの中には、民間経済の分野に進出し、貿易や通商で稼いだ者たちもいたという。要するに、イスラーム帝国は、部族や親族の紐帯に縛られていない軍人や官僚を得るために、異教徒(キリスト教徒)から奴隷を強制的にかき集めてきたのだが、最終的には、その奴隷こそが、国家と君主に抗する、最もやっかいな部族や親族集団に転じたのだ。奴隷軍人や奴隷官僚は、まさにそれが解消することを求められていた困難そのものに転化した。

2 アブドとしてのムスリム

このように、異邦の奴隷を軍人や官僚として登用するシステムは、長期的には、完全なる自己否定に至る。それでもなお、この制度が、イスラーム圏でしか採用されなかったのは、やはり謎だと思わなくてはならない。キリスト教圏の君主や中国の皇帝は、この制度が破綻することを理解した上で、これを拒否したわけではないからだ。

家族や親族、あるいは部族への所属意識は、国家を形成しようとする君主や皇帝にとって、常に、乗り越えなければならない障害に見えていただろう。たとえば、一六世紀の初頭、マキアヴェッリは『君主論』の中で、トルコ（つまりオスマン帝国）とフランス王国とを比較して、次のように述べている。[*13]トルコは、外部から征服するのは困難だが、いったん征服してしまえば維持するのは容易な国であり、フランスは逆に、外部から征服するのは容易だが、維持し統治するのは困難な国だ、と。「君主」にとってどちらが望ましいかは、明らかである。トルコとフランスの違いはどこから来るのか。マキアヴェッリの観測は、こうである。――トルコは、一人の君主によって支配され、他の者たちは彼の下僕である。君主は、王国を地域に分割し、そこに地方長官を送り込み、任意に彼らを更迭したり、配置換えしたりできる。これに対して、フランスでは、国王は、昔からの領主に取り囲まれており、領主は、家臣に慕われている。領主たちは伝統的な特権をもっており、王は、危険を犯さずにその特権を取り上げることはできない――。

つまり、トルコの方が、フランス王国よりもはるかに中央集権的にできている、というわけである。フランス王国は、諸侯たちの部族主義的な分立を許しており、統一性をもたない。驚くべきは、マキアヴェッリが、先ほど紹介したオスマン帝国のディルリク制度をきわめて正確に把握していた点である。マキアヴェッリは、明らかに、トルコの中央集権的なシステムに憧れている。このシステムがデヴシルメや奴隷軍人の制度によって支えられていた、ということをマキアヴェッリが知ったとしたら、どうだっただろうか。いずれにせよ、キリスト教圏では、このような制度に思い至る人は誰もいなかったし、またいたとしても、実現できなかっただろう。どうして、イスラーム圏でのみ、この制度が――最後には破綻したとはいえ――機能したのだろうか。この疑問に答えるときがきた。

*

まず、われわれは、「奴隷」という身分について、よく理解しておく必要がある。イスラーム教のコスモロジーの中で、奴隷がどのように意味づけられるのか、ということを、である。奴隷にされたのは、非イスラーム教徒のみである。イスラーム教徒を奴隷にすることはできなかった。われわれは、これを、アメリカに渡ったキリスト教徒が、アフリカの黒人を奴隷にしたのと似たようなことだ、と解釈したくなる。このような解釈に従った場合には、白人の黒人への人種差別と似た差別意識を、イスラーム教徒がキリスト教徒に対してもっていた、ということになる。そして、人は、デヴシルメのような慣行に、著しく非人道的なものを感じ取るだろう。

だが、このような解釈をとったときには、いくつもの事実が理解不可能なものになってしまう。まず、奴隷用に徴集されてきた異教徒は、全員、イスラーム教徒化された、ということの意味をよく反芻する必要がある。アメリカで、黒人奴隷を最初に白人化する――白人と対等化する――といった操作が入っただろうか。もちろん、そんな操作は入らない。黒人は、白人と対等ではないからこそ奴隷だったのであり、対等化は、奴隷の身分からの解放を意味していた。しかし、イスラーム帝国では逆である。

また、イスラーム帝国の奴隷は、十分な才覚さえあれば、高位の軍人、高位の役人になったことを、もう一度、思い起こすべきである。ついに、スルタンにまでなった奴隷さえいるのだ。言い換えれば、イスラーム帝国の大多数の一般市民は、奴隷の権力に服したのである。ということは、奴隷の威信はかなり高かったと考えなくてはならない。アメリカの黒人奴隷との類比は、著しくミスリーディングである。

そこで、逆に考えてみたらどうであろうか。イスラーム教徒を奴隷化できないのは、イスラーム教徒がすでに奴隷だからだ、と。これは、一瞬、奇抜なアイデアに思われるかもしれないが、この言明をイスラーム教の文脈においてみれば、まったく自明なことである。イスラーム教徒は奴隷である。誰の？　もちろん神の、である。井筒俊彦は、次のように述べている。

この新しい宗教〔イスラム教〕は、神と人との宗教的関係を、主人―奴隷関係という形で根本的に規定した。すなわち、ムハンマドの興したこの新宗教に入信して「ムスリム」となる人は、独立不依の存在としての人間であることをやめて、神を「主《ラッブ》」（rabb）とし、これに仕える「奴隷《アブド》」（ʻabd）となって新しい人生を生き始めることを要求されたのである。*14

井筒は、「アブド」（ʻabd）は、日本語に訳すとき、「奴隷」という語の強烈な印象を回避しようとして、一般には「僕《しもべ》」という語があてられてきたが、ほんとうは、「アブド」は端的に奴隷を意味していた、と注意を促している。アブドは奴隷だとはっきりと思いなしてこそ、イスラーム教がもたらした「神―人間関係のなまの感覚」がわかるだろう、と。

この点を踏まえた上で、イスラーム帝国の奴隷軍人や奴隷官僚のことを再考してみよう。マムルークは、もちろん、直接的にはスルタンの奴隷ということであって、神の奴隷という意味ではない。が、しかし、イスラーム教の教えに従えば、原理的には、そもそも、人間が人間を、イスラーム教徒がイスラーム教徒を奴隷としてはならないはずだ。神との関係で、すべての人間、すべての被造物は平等だからだ。[*15] そうだとすれば、マムルークは、表面的・実務的にはスルタンに奉仕するとしても、本質的には、スルタンのような特定の人間の奴隷ではありえず、神の奴隷でなくてはならない。そして、一般のイスラーム教徒は、もちろん、初めから（神の）奴隷である。このように考えれば、軍人や役人の要員として集められた奴隷たちが、とりたてて、一般の人々よりも賤視《せんし》されていたわけではないことがわかる。

ここで、他の世界宗教のケースとの比較がいささか興味深い。中華帝国の宗教やイデオロギーは、「皇帝―臣下」「父―子」等々の序列を積極的に承認している。こうした文明で、人間と人間の間に「主人―奴隷」関係が形成されるのは当然である。イスラーム教との対比で、微妙な問題が生ずるのは、ここでもキリスト教である。

イスラーム教のもとでは、アメリカの黒人奴隷のような奴隷は存在しない。なぜならば、すべての人間（イスラーム教徒）が（神の）奴隷だからだ。このように論じてきた。これは、イスラーム教が唯一神教であることの論理的な帰結である。イスラーム教徒は、中国人のように、人間、たとえば皇帝を崇めるのではなく、被造物を完全に超越した唯一神（のみ）を信仰する。この唯一神が、すべての人間を平等に奴隷として位置づけるのだ。

ところで、キリスト教も唯一神教ではないか。それなのに、キリスト教のもとでは、黒人奴隷のようなタイプの奴隷が大量に作られたではないか。それはどうしてなのか。この違い、イスラーム教とキリスト教のもとに出現した奴隷のタイプの違いは、どうして出てくるのだろうか。

キリスト教徒にとってはいささか不快かもしれないが、この違いは、イエス・キリストと使徒ムハンマドの根本的な差異の、意図せざる結果と見なすべきではないだろうか。イスラーム教は、ムハンマドがいかに偉大であったとしても、ひとりの預言者に過ぎず、したがって、人間だということを強調する。つまり、ムハンマドを神のように崇めることを、イスラーム教は厳禁しているのだ。ムハンマドでさえも、(神の) 奴隷である。それに対して、キリスト教は、人間で(も) あるキリストを、神として崇拝しなくてはならない。ムハンマドへの態度とキリストへの態度は、正反対だと言ってもよいほどに異なっている。この相違の、まことに迂遠な結果、まったく意図していなかった結果が、奴隷という制度に微妙に反響しているのではないだろうか。[*16]

3　信仰の外注

以上のこと――奴隷という身分についての確認――は、考察の前提に過ぎない。次に考えに入れなくてはならないことは、非常に基本的なこと、つまり「信仰」とはどういうことなのか、という問題である。

その人がイスラーム教を信仰しているかどうかは、外部から観察する者にも容易に判別することができる。信仰の内実をなしている条件の大半が、行動の外形、客観的に同定可能な行動の外形に関わっているからだ。たとえば、イスラーム教徒であれば、一日に五回、決められた時間帯に一定の作法に従って礼拝しなくてはならない。礼拝はしなかったが、心の中で神を想っていたのだから、イスラーム教を信じていることになる、という言い訳は、絶対に成り立たない。ラマダンの断食は行わないが、内面の信仰だけは保っていた、などという言い方は、イスラーム教にとっては、矛盾した主張である。

これに対して、キリスト教徒は、信仰の中心は、客観的な行動ではなく、主観的な内面の状態にある、と考える傾向がある。イエスが、外面に表れる行動よりも内面の状態を重んじたとされているからである。たとえば、イエスは、情欲をもって女を見ただけで姦淫したに等しいと述べている。キリスト教の標準的な理解からすると、内面の状態を伴わない行動は、信仰としては空しい、ということになる。

だが、クリスチャンであっても、パスカルのような人は、このような考えに反対している。パスカルは、『パンセ』の中で、人間というものは、少なくとも「精神」であるのと同じ程度には「自動機械」である、とした上で、次のような趣旨のことを述べている。習慣こそが自動機械の動きを規定しているのであり、精神は、それに引っ張られていくのだ、と。[*17] つまり、習慣という形で反復される外的な行動があって、内面の状態（精神）が決定される、というわけである。パスカルのこの考え方に従えば、信仰の重心は外的な行動の方にあり、内面はその後からついてくる。

同じ趣旨のことを、パスカルは、『パンセ』の中で繰り返し説いている。たとえば、一般には、人は、法に従う際に、「その法にはどんな正義や真理が含意されているのか」といったことをまずは理解し納得しておく方がよい、と考えている。だが、パスカルは、そんな必要はない、と書いている。「よくは分からないが法はこうなっているから」という理由だけで法に従うことはよいことだ、というのがパスカルの考えである。[*18] 内面的な理解は、法に従った行動を反復しているうちに発生する、ということであろう。

イスラーム教は、信仰についてのパスカルの見方に適合的だ。少なくとも、イスラーム教の多くの部分は、信仰の外面性を重視するパスカル的な見解をとったほうが受け入れやすくなる。たとえば、礼拝はどうして五回なのかとか、なぜこの時間帯にやらなくてはならないのか、等々と、細かく詮索することには意味がないだろう。そんなことについて納得する前に、礼拝の習慣を身につける方が先である。

実は、仏教（のようなもの）を信仰している（つもりの）日本人の大半も、いわば、パスカル的な流儀で信仰している。葬式や法事で、読経がなされるときのことを思うとよい。経は、もともと、シャカの説法をまとめたテクストである。僧侶によって経が音読されても、式に参列している一般の日本人には、その内容はさっぱりわからない。読経は、日本語でなされてすらいないからだ。読まれているのは、漢文、サンスクリット語原文から漢訳されたテクストである。一般参列者は、経の意味やそこに記された真理を理解してはいない。ただ、理解しているかのようにふるまうだけである。そこには、習慣化された行動があるのみだ。

＊

信仰の重心が、内面にではなく、外面の行動にあるのだとすると、ここからさらにもう一歩、すこぶる興味深い展開が生じうる。信仰を簡単に、他者に転移し、委託することができる、という結論が導かれるのだ。「私」は、とりあえず行動する。内面に裏打ちされた完全な信仰は、「他者」に任せればよい。日本人の「仏教信仰」という例は、すでにこのような範式に則っている。個々の参列者が、まったく経の内容を理解していないのに安心していられるのは、僧侶（他者）が理解してくれている、と想定しているからである。僧侶が、「われわれ」の代わりに、経に書かれた真理を把握してくれているのだ。

ここで、ジャック・ラカンが『精神分析の倫理』で、ギリシア悲劇におけるコロス（合唱隊）の機能について論じていることが、われわれの考察を前に進めるための助けになる。コロスは、何のために付けられているのか。ラカンはこう論じている。「これで、あなたはあらゆる心配から解放される。仮にあなたが何も感じなかったとしても、コロスがあなたの代わりに感じてくれているからだ」[*19]。ここでラカンが言わんとしていることは、次のようなことである。たとえば、あなたは観劇しているのだが、あなたの仕事や家庭のことで気になることがあって、劇に集中できないかもしれない。あるいは、あなたのリテラシーが足りなくて、舞台上で演じられていることの意味がわからず、筋が追えないかもしれない。そのため、あなたは、悲しむべきときに悲しんだり、驚くべきところで驚いたりできないのではないか、と心配になってくる。だが、コロスがあれば、この心配から解放される、とラカンは言う。コロスが、ちゃんと、正しいタイミングで、あなたの代わりに悲しんだり、驚いたりしてくれているからである。

コロスについてのラカンの説明は、ただちに、多くの民族が葬儀に導入している「泣き女」の役割を連想させる。いくつもの民族——たとえば日本人にとって身近なところではコリアンもその中に含まれる——は、葬儀に、泣くことの専門家を参列させる。どうしてか。葬儀に参加している多くの人は、故人との関係が浅かったり、故人への思い入れがさして強くなかったりして、心底からの悲しみが出てこない。ここは泣くべき場所なのに、泣くことができないのだ。こんなときのために、専門家が、つまり泣き女が、代わりに泣いてくれるのだ。[*20]

内面の状態をそこへと転移することができる他者（読経する僧侶、ギリシア悲劇におけるコロス、泣き女）が存在しているとき、何が起きているのか。あらためて整理しておこう。第一に、「われわれ」は、義務から解放される。経を理解したり、悲しんだり、泣いたりといった義務を、「われわれ」は免除されるのだ。しかし、第二に——ここが肝心なところだが——、それでも「われわれ」は、客観的には、その義務を果たしたことになるのだ。「代理人」が「私」のために署名をすれば、それは「私」が署名し、同意したと解釈される。これと同じように、これらのケースでも、代理人が、経典を理解し、悲劇を堪能し、泣いたのだから、「われわれ」が、それらのことをしたことになるはずだ。

*

ここまで論理を展開してくれば、イスラームの奴隷軍人・奴隷官僚の主題に戻ることができる。今や、結論は明らかであろう。奴隷たちに、イスラーム教の信仰が転移されていたのである。異教徒（キリスト教徒）の領域から連れてきた若者を、理想的なイスラーム教徒に改造する。彼ら奴隷たちは、帝国の本来の住民たちのために、彼らに代わって、信仰するのである。代理人が信仰している以上は、住民たちは、客観的に信仰していることになる。イスラームの奴隷は、泣き女やコロス、あるいは（日本の葬式における）僧侶と同じような役割を担っているのである。

次のような比喩が分かりやすいかもしれない。今日、「先進国」の有名企業は、実際の生産を、中国やインドネシアやベトナムの工場に委託している。流通や宣伝さえも外注している企業は少なくない。のみならず、企業によっては、最も肝心な商品のデザインでさえも、ときに代理店に委託するという。その企業の名前を仮に「N」とすると、Nが固有に持っているのは、今や「N」というブランド名だけである。生産も、販売も、そしてデザインさえも、事実上は、別の企業が担っていても、商品は「N」のものだということになる。生産等の委託を受けた企業は、Nの代理人としてそれらを遂行しているからである。これと同じように、イスラーム教徒は、異邦の奴隷に信仰を外注した、と見なせばよい。

もちろん、こうした説明は、事態を理念型的に誇張している。実態に即して言えば、信仰が「外注」されたからといって、本来のイスラーム教徒の、つまり帝国住民の信仰が、まったく空疎なものになるわけではない。泣き女がいるからといって、葬儀のすべての参列者が、哀悼の感情を失うわけではない。泣き女がいても悲しいと感じる者もいるし、それどころか、泣き女が泣いているためにますます悲しくなる者もいる。イスラーム教の信仰についても、同じことが言える。こうした留保を付けた上で、再度強調しておこう。外部の他者（奴隷）に転移し、委託しておけば、その他者の場所に、理想的な、あるべき信仰を維持しておくことができるのだ、と。泣き女が、あるべき葬儀参列者を演じ、コロスが、理想的な観客を例示してくれるように、である。

信仰を異邦の奴隷にこのようなかたちで外注できるのは、イスラーム教だからである。ここまでの論述に含意されているように、外注をなしうるためには、少なくとも二つの条件がそろっていなければならない。第一に、奴隷の威信が、一般の人間、一般の信者と変わらないこと。さもなければ、奴隷が代理人になることができない。第二に、信仰の中核が、外的行動に、つまり客観的に同定可能な行動にあること。さもなければ、ここに略述してきたような転移・代理の機制が働かない。

信仰の外注は、人間社会の「共同性」に関して、内的に対立しあう二重の効果をもたらすことになる。一方で、シャリーア（イスラーム法）の実践の場となるウンマは、普遍的な共同体である。そこでは、所属する親族・部族・民族等による威信の格差は、まったく無関係なものとなり、すべての人間が、（神の）奴隷という資格で完全に平等である。もちろん、このような普遍的な共同体は、理念の上のものであって、現実化されるわけではない。しかし、イスラーム系の諸帝国は、ウンマに実質を与えようとして形成されたと見なしてよいだろう。言い換えれば、イスラーム教のウンマへの指向性は、帝国・国家の形成にとっては都合のよいイデオロギーとなる。それは、人々を、部族等の伝統的な紐帯から解き放つからである。

しかし、他方で、先に述べたこと、つまり転移できる他者、外注先の他者が存在しているとき、われわれは「義務」を免除される、という論点を考慮に入れなくてはならない。われわれは義務を免れるのに、代理人のおかげで、その義務を果たしたことにもなる、と述べておいた。イスラーム教に即して言えば、こうなる。部族の紐帯をほんとうに断ち切り、（神の）奴隷にならなくても、ウンマの一員になりうるのだ、と。自分たちの代わりに、ほんものの奴隷、文字通りの理想の奴隷、つまりキリスト教徒の領域から強奪してきた奴隷が、実際に、神の奴隷の役割を引き受けてくれているからである。だからこそ、この奴隷たちが、(ウンマの近似物であるところの)帝国の運営にとって最も重要な業務、つまり軍務と行政を担うことにもなるのだ。奴隷に外注した側は、神の奴隷としての義務を免れ、安んじて、部族的な紐帯や親族の繋がりを維持することができる。

だが、この外注のメカニズムは、イスラーム帝国にとっては、非常に危うい選択だと言わざるをえない。よく見れば、信仰を最終的に担っている者は、外注を受けた代理人の方、つまり奴隷だということになる。もともとのイスラーム教徒は、自分たちの信仰を完成させるために、どうしても代理人としての奴隷を必要とする。しかし、奴隷の側は、自立できるのではないか。彼らは、「誰かから委託を受ける」という設定自体を、必要としなくなるのではないか。たとえば、ある企業が、Nから、生産を委託され、そして流通や宣伝についても委託され、ついにはデザインさえも委託されたとしよう。ここまでくれば、その企業は、Nから独立して、別のブランドを立ち上げてもよいのではないか。あるいは、自分たちこそほんもののNだ、と言ってもよいのではないか。実際、こうしたことが起きたのが、マムルーク朝のケースである。代理人だった奴隷自身が、スルタンをもち、「イスラーム」ブランドを担おうとしたのである。このように、あまりにうまく機能する「外注」の関係は、主人—奴隷の関係を逆転させる可能性を孕んでいるのだ。

1　もっとも、科挙で試されている能力は、官僚としての実務に直接に役立つとは限らない。その意味では、科挙のアイデアは、近代的なメリトクラシー（業績主義）とは完全には合致しない。では、科挙は、一体、何を試しているのか。何のためにあるのか。この点については、『東洋篇』で議論したので、ここでは再論しない。いずれにせよ、科挙が、前近代にあっては、世界中のどの制度よりも、メリトクラシーの理念に近いものだったことは確かである。

2　厳密に言えば、臣は男性の家内奴隷である。女性の家内奴隷は「妾《しょう》」である。橋爪大三郎『世界がわかる宗教社会学入門』筑摩書房、二〇〇一年、二〇二頁。

3　すぐ前に述べたように、科挙の受験者は、宗族の威信を担っている、という意識をもち続けたが、デヴシルメで集められた奴隷には、そんな意識はなかったに違いない。彼らは、二度と自分の家族や部族に還ることはなかったのだから。

4　中国のシステムにおいてイスラーム帝国の奴隷官僚に似ているのは、官僚よりもむしろ宦官である。宦官は、子孫を残せなかったがために、親族秩序の外部にはじき出されていた。中国の歴史の中で、しばしば、宦官は、宰相に匹敵するような権力をもった。とはいえ、宦官は、あくまで官僚制度の補完物であり、決して、中華帝国の中核的な制度にはなりえなかった。ついでに、ここでイスラーム帝国の宦官についても簡単に説明しておこう。イスラーム帝国の宦官は、他の奴隷と同じように、ほとんど外国から集められた。イスラーム教徒が宦官にされることはなかった。ただし、マムルーク朝では、宦官は、同じ外国でも、マムルーク（奴隷軍人）とはまったく別の地域から集められた。マムルークは、トルコ人や、東ヨーロッパの出身者だったが、宦官の場合には、帝国の内部、つまりアフリカから連れてこられた黒人が主だったのだ。他のイスラーム王朝には、黒人宦官だけではなく、白人宦官もいた。マムルーク朝では、宦官の主たる業務はマムルークの教育係であり、ときには互いに性的な欲求を満たしあったりもしたのだ（マムルークとして徴集された者の中には美少年が多かったし、また彼らは女性から隔離されていた）。王朝によっては、宦官がときに、行政や軍事の用務で高位に就き、大きな権力を揮《ふる》った。特に、オスマン帝国では、大宰相や宰相になった宦官もいた。

5　フランシス・フクヤマ『政治の起源』上、会田弘継訳、二〇一三年（原著二〇一一年）、三〇三―三〇八頁参照。他に以下の文献が参考になる。Jean-Claude Garcin, "The regime of the Circassian Mamlūks", Carl F. Petry ed., *The Cambridge History of Egypt, Vol.1: Islamic Egypt, 640-1517*, New York: Cambridge University Press, 1998.

6　最も危機的だったのは、一三九九年に、モンゴルの末裔を称するティムールが侵攻してきて、シリアのアレッポが陥落したときだった。このときには、マムルーク朝にとっては幸いにも、オスマン帝国の勢力が拡張し、ティムールはその脅威に対応せざるをえなくなった。

7　フクヤマ、前掲書、三一五―三一八頁。Halil Inalcik, *The Ottoman Empire: The Classical Age 1300-1600*, New Rochelle, NY: Orpheus Publishing, 1989, p.107.

8　ティマールの語義は、「馬の世話」である。馬を飼いならし、巧みに使いこなすことができるということが威信の源泉であり、また特権だったことを示している。

9　ディルリクとは、生計手段という意味である。

10　フクヤマ、前掲書、三一八―三二〇頁。

11　同書、三二七―三二八頁。

12　デヴシルメが廃止されたのは、一六三八年で、ムラート四世の治世である。

13　マキアヴェッリ『君主論』大岩誠訳、角川ソフィア文庫、一九六七年（原著一五一三年）、三六―三八頁。

14　井筒俊彦『イスラーム生誕』中公文庫、一九九〇年、一三六頁。

15　黒田壽郎『イスラームの構造――タウヒード・シャリーア・ウンマ』書肆心水、二〇〇四年、第一章。黒田によれば、イスラーム社会は、「等位性」「差異性」「関係性」の三点で特徴づけられる。差異性とは、個々の存在者（被造物）の間には、能力や資質の差があるということであり、関係性とは、それらが互いに連関しあっているということだ。目下の文脈で最も重要なのは、第一の特徴、等位性である。神から見ると、すべての存在者、すべての被造物はまったく等位の価値をもち、完全に平等だ、というわけだ。

16　ここで述べていることは、キリスト教が黒人奴隷制度を積極的に支持した、ということではない。もちろん、キリスト教の隣人愛は、奴隷制度に反対する、きわめて重要な根拠を提供しただろう。

17　Blaise Pascal, *Pensées*, Harmondsworth, 1966, p. 274.

18 *Ibid.*, p. 216.

19 Jacques Lacan, *Le Séminaire, Livre VII: L'éthique de la psychanalyse*, Paris: Seuil, 1986, p. 295.

20 これは、ロバート・ファラーやスラヴォイ・ジジェクが"interpassivity"と呼んでいる現象の一つである。この語は、もちろん、"interactivity"からの造語だ。以下の文献を参照。Robert Pfaller, *Die Illusionen der anderen*, Frankfurt: Suhrkamp, 2002. Slavoj Žižek, *The Plague of Fantasies*, London, NY: Verso, 1997.

第10章　瀆神と商品

1　虹と瀆神

イスラーム帝国は、信仰を奴隷軍人に「外注」した。すると純粋な信仰は、むしろ、奴隷である軍人に帰せられることになる。オスマン帝国をはじめとする、イスラーム系の諸帝国は、文民統制を確保しようと配慮したが、こうした制度のもとでは、帝国の政治は、軍人による支配に対して非常に脆弱にならざるをえない。つまり、「軍事政権」が生まれ、帝国そのものが、奴隷軍人に乗っ取られる危険性が常にあったし、実際に、そういうこともあったのだ。帝国のイデオロギーの根幹にあるイスラーム教を基準にしたとき、信仰においてより純粋な軍人が、一般の文民よりも高い威信をもつことになるからだ。われわれは、現在のイスラーム系諸国の軍事政権に、このことの遠く、間接的な反響を見ることもできるのではないか。もちろん、現在の軍人＝支配者は、異邦の奴隷の出身ではないが、イスラーム諸国が、かつての帝国の「軍人支配に対する脆弱性」「軍人支配に対する好意的な態度」を引き継いでいると考えることはできるのではないか。

つまり、中国やインドの場合と同様に、イスラーム文明の政治システムの構造は、デフォルトの設定のようなものになって、今日まで長く、痕跡を留めている。それならば、経済システムについてはどうであろうか。かつて、われわれは次のような問いを提起しておいた。どうして、イスラーム教のもとで、まずは資本主義が誕生しなかったのか、と（第3章）。

資本主義の誕生に関しても、またその後の成長に関しても、イスラーム文明は、西洋に対して遅れをとった。もちろん、これは、資本主義が倫理的に望ましいものかどうかということとは別の問題である。資本主義化など簡単にしないほうが善いのかもしれないが、いずれにせよ、資本主義の誕生、資本主義への順応という点で、イスラーム文明は西洋ほどには順調ではなかった。しかし、教義だけを見るならば、イスラーム教ほど資本主義に有利な宗教はないようにも思えるのだ。少なくとも、この点に関して、キリスト教よりも不利なことが、イスラーム教の教義の中にあるようには、見えないのだ。むしろ逆である。イスラーム教にとっての「善」は、商人の倫理、商人の共通感覚をベースにしている。ムハンマド自身も商人であった。コーランは、「神への投資」さえも勧めているのだ。となれば、まさに、イスラーム圏でこそ、資本主義は産声をあげるべきだった。人は、そのような印象をもつだろう。しかし、実際にはそのようにはならなかった。なぜだろうか？　この疑問に十全に答えるためには、どうしても西洋近世史との比較が必要になる。しかし、この段階でも、重要な手がかりを得ることはできる。

＊

イスラーム教と直接には関係のない事実を確認することから始めよう。勝俣鎮夫によると、かつて日本では、つまり戦国時代までの日本では、特別な条件を備えた場所でなければ、市場的な交換を執り行うことができなかった。どこでも好きなところに市場を開設する、というわけにはいかなかったのだ。たとえば、虹が立つと、そこに市を立てることは義務であった。もちろん、ほんとうは虹が立った場所など特定できるはずがないのだが、とにかく虹が立ったと見なされた場所には、市を立てなくてはならなかったのだ。[*1]

どうして、このようなマイナーな事実をここで指摘しているのか。もちろん、イスラーム圏の市場は虹とは無関係である。それでも、この日本の古代・中世の習俗は、考察の端緒を開く啓発的な含意をもっている。まず知るべきは、イスラーム教の教義に書き込まれていないことは確かだが、虹と市との間のこのような関係は、特に日本にだけ見られた慣習ではない、ということだ。文化人類学が教えるところによれば、この慣習は、さまざまな民族で広く見られる一般的な社会現象である。どうして、多くの社会で、虹の足下で商品を交換する／しなくてはならない、という習俗があったのか。ことは、二つの交換様式の間の論理的関係に、つまり商品交換と贈与交換の間の断絶／連続に関係している。

ここで、もっと複雑な宗教や法体系についての考察からヒントを得ることができる。ジョルジョ・アガンベンの次のような断定が、そのヒントである。「古代ローマの法学者たちは『神聖を汚す［profanare］』という語が何を意味するかを完璧に知っていた」。古代ローマの法学者は、いったい何を知っていたのか。つまり「神聖を汚す《プロファナーレ》」とは、どういう意味なのか。まず、神聖な事物、宗教的な事物とは、なんらかの事情によって神々に属している事物だということが前提である。このような資格で、これらの事物は、人間たちの自由な使用と商取引の対象から除外されていた。つまり、それらを勝手に売ったり、抵当に入れたり、あるいはそれらの使用権を誰かに譲渡したりすることは許されなかった。この禁止に反することが瀆神である。「神聖を汚す」という語は、このような文脈で解釈されなくてはならない。「神聖を汚す」は、「神にささげる［sacrare］」の逆操作だと考えればよい。後者は、人間の法の領域にあった事物をそこから脱出させて、神々の領域に移行させることである。前者は反対に、神々に属していたものを、人間の自由な使用が可能な領域へと返還することである。*2 つまり、「神聖を汚す」こと、つまり瀆神は、供犠の逆操作、供犠の逆関数であり、それ自体、宗教的に重要な行為である。これを、宗教を否定する行為、あるいは宗教を無視する行為と考えてはならない。瀆神は、供犠と同様に、宗教に内在する営みである。

ちなみに、「レリギオー［religio：宗教］」の語源は、この点と関係している。この語は、「レリガーレ［religare］（人間的なものと神的なものを結合するもの）」を語源とすると説明されることが多いが、アガンベンによれば、これは俗説にすぎず、ほんとうは「レレゲレ［relegere］」にこそ由来する。レレゲレは、細心と配慮の態度を意味している。神々との関係において、神聖化（供犠）と瀆神との分離が尊重されなくてはならず、そのために見守るべき形式や唱えるべき定式を前にした不安なためらいが、この語には表現されている。したがって、「宗教（レリギオー）」の反対語は、配慮の不足、つまり「うかつ」であることだと、アガンベンは言う。*3

さて、こうした背景を理解しておくと、なぜ虹が立つと市も立つのか、という問題が十全に説明される。われわれは、事物を売る、などということは何でもない、ごくかんたんなことと思っているが、必ずしもそうではない。このことが、古代のローマ法についての考察からわかる。事物を、誰か別の人に売るためには、その事物を、神々の領域から人間の領域へと取り返す必要がある。いったんは、神々に所属していた事物が、人間の領域へと差し戻されたとき、その事物は初めて、人間の自由な処分や売買の対象となりうるのだ。

ここから「虹」の意味が説明される。虹は、人間の世界と神々の世界とをつなぐ通路である。虹が立ったとき、そこで、一挙に、表裏一体の二つの操作が実現した、と見なされたのではないか。事物は、虹を通っていったん神々の世界に捧げられ、そして同じ通路を経て、再び人間の世界に戻っているのだ。古代のローマ法が、めんどうな概念や手続きを定めている操作を、古代・中世の日本やその他のいくつかの民族は、虹の形象に託して、想像的に構成しているのである。

2　贈与交換と商品交換

それにしても、市場での交換のために、つまり商品交換のために、どうして、こんなめんどうな操作が必要になるのか。「虹」に託された通路であれ、「瀆神」の行為であれ、なぜ、そんなことを前提にしなくてはならないのか。どうして、いきなり取り引きしてはならないのか。ここで知りたいのは、当事者の主観的な了解や説明ではない。そうではなく、多くの共同体が、市場交換の前に、そのような媒介を設定する理由を、われわれの客観的な観点から、どう説明するのか。これが問いである。

モノとモノとを交換すれば、そこに、原初的な商品交換（この場合には物々交換）が実現する、と一般には思われているが、それは不可能なのだ。なぜならば、そのような交換は贈与（と反対贈与）になってしまうからだ。贈与とお返し（反対贈与）を合わせれば、つまり贈与が互酬化されれば、結局は、商品交換と同じことではないか。そうではない。両者はまったく違う。(互酬的な）贈与と商品交換の違いについては、しかし、『東洋篇』で詳述したので、ここではごくかんたんに、肝心なポイントを述べておこう。

商品交換は、その場限りの行為だが、贈与は、与え手と受け手の間に持続的な関係を形成する。一般に、与える者は優位に立つ。受け手は、与えられたことによって、与え手に対して「負い目」の感覚をもつことになり、それがゆえに、与え手の意志に従わざるをえなくなる。負い目の感覚は、受け手の反対贈与を動機づけるが、反対贈与によって、当初の負い目が、解消されるわけではない。反対贈与は、最初の贈与に対する「支払い」ではなく、それとは独立の贈与だからである。さらに、留意すべきことは、次のことである。しばしば、(客観的には）最初の贈与が、当事者たちの主観的な意識の中では、「既に／常に与えられている何か」に対する反対贈与(お返し）として意味づけられているのだ。このようなケースにおいては、贈与は、受け手に対する与え手の恭順の意を表現していることになる。まさに、贈与によって、与え手は受け手に対して精神的な負債をもっていた、ということを示したことになるからだ。

このように、贈与は、非対称的な、一種の権力関係を構成する。ときに、多数の与え手／受け手が参加するシステムのうちに、始発的な与え手にして、終極的な受け手でもあるような「中心」が析出されることがある。こうして構成されるのが再分配のシステムである。たとえば、中華帝国は、中心に皇帝の身体を置いた大規模な再分配システムである。さらに、贈与の非対称的な関係において優位な位置を占める側は、超越性のレベルを上昇させたとき、ついに、人間を超える他者、つまり「神」として意味づけられることになる。神への垂直的な贈与は、特に、供犠

sacrifice と呼ばれる。カーストは、それ自体、垂直的な贈与の連なり（擬制的な食物連鎖）として記述することができるのだが、その頂点には、神々がいる。その神々への贈与を、つまり供犠を専門的に担当し、主宰しているのが、バラモンであった。

こうしたことを再確認しておけば、商品交換が、どうして瀆神《プロファナーレ》に相当する操作を前提にしなくてはならなかったのかを説明することができる。繰り返し述べたように、単純にモノを交換しても、それは、相手を持続的に拘束する——あるいは相手に拘束される——贈与の関係に転じてしまう。だが、もし交換される事物が、交換しあう者たちが内属する平面から垂直的に超越した特権的な他者たちに、つまりは神々に属しているのだとしたらどうだろうか。このときには、直接に交換する者たち同士の間には、権力関係が形成されることはないはずだ。互いが交換しあっている事物は、最終的には交換当事者のどちらにも所属せず、神々に帰せられるからである。この場合には、恩恵を受けた者は、仮に神々への負い目を感じることがあったとしても、相手に対する（つまり彼に何かを売った者に対する）永続的な負い目に苦しむことはない。彼もまた、相手に等価な物を送れば、つまり支払いさえすれば、負い目（＝負債）を解消できるからだ。もちろん、その支払いのための物もまた、神々に属していた事物でなくてはならない。「瀆神」は、このような（持続的な）負い目なき商品交換を可能にするために、神々の事物を人間たちの世界に移転させる操作にほかならない。

＊

このように考えてよいのだとすると、この仮説から、いくつかの理論的な含意を引き出すことができる。

第一に、交換様式の三つの類型の間の論理的な関係が明確になる。三つの交換様式とは、(互酬的)贈与、再分配、そして商品交換である。贈与と再分配の間の関係は、すでにはっきりしている。贈与のネットワークが中心をもつように編成されると、再分配のシステムが出現する。その意味で、再分配は、贈与から派生する。問題は、これらと商品交換とがどのように関係しているのか、である。

ここで提起したアイデアは、贈与と商品交換が、異なるタイプの交換様式として単純に並列されているわけではない、ということを含意している。十全な商品交換は、ある種の贈与を前提にしている。つまり、商品交換は、超越的な他者（神々）への垂直的な贈与としての供犠と、その供犠の逆操作にあたる瀆神を前提にしている。そうだとすると、贈与は、商品交換に対して論理的に先行していることになる。結論的に言えば、神々から贈与された事物の間で、商品交換が成り立つのだ。神々への贈与（供犠）と神々からの贈与（瀆神）がなければ、商品交換はありえない。したがって、商品交換もまた、贈与からの派生物である。神々との贈与関係（供犠や瀆神）という範疇の中で、商品交換が可能だからだ。

第二に、互酬的な贈与と商品交換とは、理念型として概念的に区別することはできるが、現実には、両者の間の移行形態を見出すのみだ、ということに留意しなくてはならない。つまり、現実の交換は、いずれも、(双方向的な)贈与という側面と商品交換としての側面をともに宿している。贈与は、受け手に対してはお返しをせまる圧力をかけ、また、そのお返しに対する送り手の期待とともに遂行されるため、結局、物々交換・商品交換へと近接していく傾向をもっている。このことはよく知られている。逆に、商品交換にも、贈与としての側面が一般にともなっており、これを完全に消し去ることはできない。

この点に関連して、アガンベンが指摘している次の事実がまたしても興味深い。[4] 彼は、ラテン語の profanare（プロファーナーレ）と sacer（サケル）という二語が、対立的な語でありながら、ともに似たような両義性をもっている、ということに注目している。動詞 profanare は、すでに述べたように中心的には「神聖を汚す（瀆神）」を意味しているのだが、まれに、「犠牲に供する」という意味でも使われる。前者は、「神聖なもの→神聖でないもの」という移行を表現しているのだが、後者は逆に、対象を「神聖でないもの→神聖なもの」と移動させることなので、両者は相互に矛盾する。文献学者は、このことにとまどってきた。また、英語の sacred の語源でもある sacer という形容詞にも、これをちょうど反転させたような両義性があるのだ。つまり、sacer は、「神聖にして侵しがたい、神々にささげられた」という意味を主としつつ、これとは反対の「呪われた、共同体から排除された」という意味ももつ。[5] アガンベンによると、こうした両義性は、誤用の産物ではなく、瀆神やその裏返しとしての聖別（供犠）の操作にとって、本質的なものだ。

神々に捧げるべく聖別されたあらゆる物の中には、「神聖でないものの残余」が消えがたく存在する。同じように、神聖を汚され、商品にもなりうる人間界の対象にも、神聖性が必ずその痕跡を留めている。この神聖性の「残り」のことを考慮に入れると、商品交換は、贈与としての含み、神々からの恩恵としての含みを、払拭しがたく残している、ということになるだろう。

3　イスラームのバーザールで

さて、以上の理論的な考察を携えて、イスラーム教にたち戻ろう。まず、イスラーム教においても、「贈与」が、根幹的な価値をもつ宗教的な行為として位置づけられていることに、すぐに気づくことになる。たとえば、いわゆる「六信五行」の「行」の一つは、「喜捨《ザカート》」である。「ザカート」の原義は「成長」であり、したがって、この語は「正しい行ないによる魂の純化にともなう成長」という意味をともなっている。喜捨は、「礼拝」とならんで、イスラーム教徒にとっては絶対の義務である。また、財産を惜しみなく喜捨することを「インファーク」と呼び、この語は、「貢献」一般を指すのにも使われている。[*6]

喜捨は、人々の間で直接になされる部分もあれば、モスクや（かつてであれば）イスラーム共同体を体現していると自任していた国家によって徴収される部分もある。義務として定められている喜捨に関しては、徴収官が集めるのだが、それを超える自由意志による喜捨は、困っている人などに直接提供してもよいし、モスクに渡してもかまわない。「ワクフ」も、自由意志による喜捨の一種である。ワクフとは、学校、病院、モスク、土地など、慈善事業に使う施設を寄進することである。

以上は、イスラームの喜捨についての単純な事実の紹介である。イスラームの贈与に関して、われわれが注目しなくてはならない最も肝心なことは、中村哲が、ペシャワール（パキスタン）で経験したという次の出来事の中に完全に要約されている。[*7] 中村は、バーザールで、「職業的乞食」と思われる男に小銭を施した。ところが、この男は、その小銭をあたりまえのように受け取り、一言もお礼を言わないので、中村は、「人から施しを受けるにしては少し態度がデカいのではないか、『済みませんが、いただけないでしょうか』くらいの腰の低さがあった方が実入りが多いのではないか」と小言をいってみた。すると、乞食はこう反論したという。「あなたは神を信ずるムサルマン（イスラーム教徒）ではありませんな。ザカート（施し）というのは貧乏人に余り金を投げやるのではありませんぞ。貧者に恵みを与えるのは、神に対して徳を積むことですぞ。その心を忘れてはザカートもありませぬ」と。ここまでだけでも、この乞食の見識の高さとその主張の論理的な一貫性を伝えており、すでに十分に興味深いのだが、この話には、さらに中村のウィットの効いた対応についてのエピソードが続く。

中村は、この男に、次のような趣旨の反論含みの質問をしてみた。自分はハンセン病患者の治療のために遠く日本からここまでやって来ており、この仕事はそれ自体喜捨にあたるのではないか、と。この男は、これに同意したので、中村は、すかさず「この仕事に施しをすれば神が喜ぶ」といって手を差し出してみた。乞食は、いささかの躊躇もなく、それまで集めた小銭を中村に渡したという。中村は、相手の論理を逆手にとって、最初に与えたものを超えるものを相手からまんまとせしめてしまった、というわけだ。中村は、議論の成り行きでこんな結果になってしまったことに、良心の呵責《かしゃく》を覚えると同時に、現地（パキスタン）の人の心の豊かさに感心したという。

中村のこの経験談の中で、理論的な観点から見て最も興味深い部分は、小銭を施した中村に対して、この乞食がいささかも感謝していない点である。この男は、傲慢だったのか。もちろん、そうではない。彼は感謝しているのだ。しかし、中村に対して、ではない。この男の感謝は、神に向けられている。小銭は、直接的には、中村の手からこの男の手へと渡されているのだが、これはただの現象形態であって、ほんとうは、神から乞食に与えられている、と（乞食自身によって）解釈されているのである。そうだとすれば、中村もまた、小銭を、乞食にではなく、神に差し出している、と見なさなくてはならない。本来は、小銭は「中村↓神↓乞食」というルートを辿っているのだが、「神」の部分が省略されているのである。イスラーム教徒の喜捨は、原理的には、神への贈与であり、また神からの贈与である。

では、どうして、信者に喜捨の義務が、神への贈与の義務があるのか。どのような了解のもとで、この義務が信者たちに受け入れられているのか。この問いへの回答はかんたんである。個々の人間の存在が、つまり知性をもった存在者としての存在が、さらに他者たちとともに彼らが棲まっているこの自然の全体が、神から与えられている、と解釈されているのだ。すでに、神から人間には、原理的に返しきれないものが与えられている。だから、人間は、無限に返し続けなくてはならない。それが、喜捨であり、また供犠でもある。中村が出会った乞食が、手に入れた小銭のすべてを気前よく中村に与えたのも、こうした了解が前提になっている。彼は、もともと神に所属するものを、その本来の場所に、つまり神に差し戻しただけなのだ。

＊

「〈世界史〉の哲学」のここまでの探究の成果をも考慮に入れながら、理論的なポイントを補っておこう。

中華帝国は、皇帝の身体を中心においた大規模な再分配システムだということは、何度も確認している。皇帝が中心として機能するのは、皇帝が、「天」の語によって指し示されてきた神的超越性と、ある特権的な関係を結んでいると解釈されているからである（天命）。このとき、皇帝を頂点におく、支配の機構が実現する。ここで、皇帝の身体にあたる対象が完全に抽象化し、経験的な世界から届かない領域に、つまりまったき彼岸に措定されたとしたらどうなるだろうか。これこそ、イスラーム教の唯一神《アッラー》にほかなるまい。

再分配システムの中心を抽象的な実体へと昇華した場合には、少なくとも理念の上では、誰か特定の具体的な個人が別の具体的な個人（たち）に対して本源的に権威をもって、持続的に支配し続けるという構成が消滅する。紹介した中村哲のエピソードがよく示しているように、もはや、贈与によっては、直接的で表面的な送り手（中村）に対する受け手（乞食）の負い目は生まれないからである。もちろん、現実には、神や使徒ムハンマド――とりわけ後者――と何らかの意味で近しい関係をもつと主張する者が、たとえばカリフやスルタンとして、イスラーム教のコスモロジーに立脚しながら権力を握り、支配のヒエラルキーの頂点に立ってきた。しかし、それでも、イスラーム教にあっては、人間たちの間の原理的な平等性は、絶対に手放すことができない理念である。だから、ムスリムは、一般に、他の人間に対して跪拝したり、頭をさげたりすることはない。ムスリムがこのような卑屈な態度を示すのは、神に対してだけだ。[*8]

イスラーム教が、人間の平等にいかにこだわっているかは、その礼拝のスタイルを、たとえばキリスト教のミサのスタイルと比べただけでも、一目瞭然である。[*9] 日に五回の礼拝のとき、イスラーム教徒は、メッカのカアバ神殿の方角（キブラという）を向く。多人数の信者が一緒に礼拝するときには、導師が先頭に位置し、その後ろに会衆が横一列に並ぶことになっている。「横一列」という部分が重要だ。しばしば、われわれは、横一列がさらに縦に何重にも並んでいる映像をテレビ等で観てきたが、それは、部屋の幅に対して、集まった会衆の数が多すぎるためにとられた便宜的な措置に過ぎず、全員が完全に横一列になるのが、本来の姿である。横一列は、全員が完全に平等であることを示している。導師にあたる一人だけが先頭にいるので、何も事情を知らないと、彼だけが高位の聖職者か何かで特別に偉いのではないかと勘違いしそうになるが、そうではない。この導師の位置には、実は誰が入ってもかまわないのだ。[*10] 彼は、全員の礼拝を同期させるためのペースメーカーに過ぎない。カトリックのミサでは、聖職者は、会衆に対して対面している。この「対面」によって、聖職者は、神に似た特権的な地位にいることが示されている。[*11] しかし、イスラーム教の礼拝では、導師も、他の会衆と同じ方角を向いている。[*12]

アガンベンがローマ法から借用してきた概念、これに倣《なら》ってわれわれが導入した概念、つまり「瀆神」を用いて、イスラーム教の状況を記述するとどうなるだろうか。この概念をあえて用いるならば、イスラーム教にあっては、この世界の中のすべての事物は、初めから、瀆神の操作を完了させた状態で、人間に委ねられているのである。すべての事物は、本来は神に属している。それらが、瀆神の操作を経て、人間の世界に移されている状態から、イスラーム教という「ゲーム」は始められる。念のために、もう一度強調しておけば、「瀆神」は、断じて、反宗教的で冒瀆的な行為のことではない。瀆神は、聖化や供犠に貼り付いているその裏面であり、それらと同等に宗教的に価値ある操作である。

すでに瀆神の操作を施した後（と同等）なので、人間たちは、安心して、自由にそれらを贈与したり、譲渡したり、そして売買したりすることができる。そうしたからといって、誰かに束縛されたり、誰かに従属せざるをえなくなったりすることを、恐れる必要がないからである。

中村哲がバーザールで遇った「職業的乞食」と原始仏教の出家者を比べてみるとよい。出家者も、考えようによっては、職業的乞食である。彼らは、生産活動も商売もしてはならず、他者からの、つまり在家者からの施しによって生きているからである。しかし、原始仏教の出家者は、彼らと在家者をつなぐ糸、つまり施しの機会を最小化しようとしている。その施しなしには、彼または彼女は、生存し続けることすら困難になるにもかかわらず、である。乞食《こつじき》のために彼らが町に出るのは、一日に一回、午前中だけである。在家者には、施しの義務はないので、出家者は、それを強要することはできない。その日、食物が何も得られなくても、彼らは我慢するしかない。中村と議論したあのイスラームの職業的乞食の、ほとんど厚顔にすら見える堂々とした態度とは、まったく対照的だ。この乞食は、施しを受ける「権利」があると考えている。だから、それが「職業」として成り立つのだ。イスラームの乞食と原始仏教の乞食(出家者)のこの違いは、どこから来るのか。本章の考察が、答えを暗示している。

まず、原始仏教の出家者が、施しを必要としているのに、それを最小化しようとしているのは、施しを受けることによって、彼または彼女が、与え/与えられる関係のネットワークの中に組み込まれ、束縛されることを恐れているからである。そのような束縛の中に深く入れば、彼らは解脱の境地から遠のくことになり、何のために出家しているのか、さっぱりわからなくなる。逆から見ると、イスラームの乞食には、こうした懸念が一切ないのだ。なぜ？　彼に与えられる事物は、瀆神の操作を加えた後の状態になっているからである。

＊

イスラーム世界のバーザールで執り行われる商品交換に関しては、「定価」という観念がないことがよく知られている。価格は、当事者同士の交渉によって、その都度、決定されるのだ。この現象は、商品交換に、贈与交換としての要素が付加されているからだ、と説明できる[*13]。

商人たちは、もちろん、自分が売っている商品の「均衡価格」にあたる価格をよく分かっている。その上で、彼らは、ときに自分の利益を極大化するために、買い手の事情を推し測りながら、均衡価格以上を要求し、首尾よくそれを支払わせることがある。このときには、結果的には、買い手が、その商人に、均衡価格を超えた分を贈与したことになる。あるいは、商人は、貧困者に対しては値引きする。あるいは顧客が、有用な情報や知識を提供してくれたり、何か魅力をもっていたりしたときには、それらに対する返礼の意味をこめて、値引きすることもある。これら「値引き」のケースでは、商人が、顧客にいくらかを贈与していることになる。自発的に贈与するのは、商人の方だけではない。買い手の方が商人に贈与することもある。たとえば裕福な者は、その商品の均衡価格を知っているのに、あえて余分に支払ったりするのだ。このように、想定上の均衡価格を基準にして、交渉によってもたらされる価格の振幅が、商品交換に対して付加されている贈与交換としての側面を反映している。

ここで、前節の最後に言及したアガンベンの議論を思い起こそう。プロファーナーレ、つまり「神聖を汚すこと」の操作を経て、神の事物を、商品にもなりうる人間界の事物へと変換した後でも、なお、その事物には、神聖性がどうしても残ってしまう。アガンベンは、このように論じていたのだった。この「残りのもの」としての神聖性が、その事物を、商品以上のものにする。つまり、その事物に「贈り物」としての性質を宿すのだ。このどうしても払拭できない「神聖性」の残余が、ニュージーランドやオーストラリアの先住民たちが言うところの「ハウ」や「マナ」に近い作用を事物に及ぼしているように見える。その事物を手に入れたものは、どうしても、それを贈与せずにはいられなくなるのだ。イスラームのバーザールでは、商品交換は、こうして、贈与交換としての性質をいつまでも付着させながら遂行されているのだ。

4　守銭奴の否定

イスラーム文明のもとにある経済を、どのようなものとして描くことができるのか。そこで、贈与交換と商品交換がどのような形で共存し、混じり合っているのか。これらを、われわれは大急ぎで見てきた。われわれの問いは、このような経済システムから、どうして資本主義が自律的に生まれなかったのか、にあった。この問いをめぐって探究するためには、イスラームについて知るだけではたりない。資本主義とは何かについての理解を深めておく必要があるのだ。

今、述べたように、イスラームのバーザールでは、商人も、また顧客も、経済学が想定している経済人の合理性から逸脱して行動している。彼らは、ときに、いささか詐欺的とも言える方法で、儲けようとする。しかし、ときには、彼らは、過剰に気前よくなるときもある。このように、商品交換の合理性には回収できない贈与交換としての側面が、バーザールには横溢していた。これが、資本主義の誕生を阻んでいるのだろうか。

否。そんなことはない。純粋な商品交換などほんとうはどこにも存在しない。市場が、贈与交換としての痕跡を消し去ることができないのは、特にイスラームの経済だけではない。また、冷たい形式合理性のもとで、利潤獲得を目的として、市場で販売するための商品を生産する個人や企業が存在している、というだけでは、資本主義にはならない。そのような個人や企業は、前近代の段階から、世界中のあらゆるところにいた。

資本主義の本質的な条件は何なのか。一挙に解答を言ってしまえば、それは無限の資本蓄積を優先するシステムだ、というところにある。最も重要なポイントは、「無限の」という部分だ。しかし、このように抽象的な概念によって結論を先取りしてしまうと、繊細で肝心な細部を見失ってしまう。今後の探究のために、ここで、資本主義とは何か、という問題について、「予告編」のような考察をしておこう。

＊

われわれは、マルクスの説明に倣うことにしよう。マルクスは、『資本論』で、「資本」なるものの原型は貨幣蓄蔵者に、つまり「守銭奴」にある、と述べている。まず、守銭奴という生き方が、伝統的な倫理を、前近代的な社会で「善き生活術」とされるものを、きわめて奇妙な仕方で否定している、ということを理解することが重要である。

伝統的な倫理の要諦は、アリストテレスが述べたこと、つまり中庸ということに尽くされる。どのような方向であれ、極端に向かうのは善くない。限度をこえてある衝動に身を任せてはならない。愛欲だろうが、物欲だろうが、破壊にまでいたるほどの欲望を追求してはならない。このような限度を超えていこうとする衝動に抵抗すること、これが、伝統的な倫理の中核ではないだろうか。イスラームのバーザールを彩っていた、あの売り手／買い手も、実際、まさにこの中庸の倫理に従っている。彼らは、限度を超えるほどに利益を追求してはいない。かといって、破滅に至るほどに、自分の資産を放棄するわけでもない。

ところで、守銭奴はどうなのか。守銭奴の生き方は、まことに逆説的である。彼は、節度を保とうとする。つまり中庸であろうとする。守銭奴は、欲望の極端な追求を抑制している。とすれば、彼は、伝統的な倫理を体現しているかといえば、そうではない。守銭奴は、まさに「節度を保つこと」そのことを極限にまで追求しているのだ。節度を保とうとすることにおいて、彼は、節度を超えている。こう言ってもよいだろう。守銭奴は、欲望を抑えようとする欲望に関して過剰なのだ、と。

このように、守銭奴は、伝統社会の善の自己否定の産物である。その善が依拠している論理そのものを自己破綻にまで導いたときに、守銭奴が出現する。だが、守銭奴が、そのまま近代的な資本というわけではない。資本主義に特徴的な資本になるためには、守銭奴が、もう一段階、否定されなくてはならない。守銭奴を基準にして、そこにもう一つの否定が加わったときに、資本主義になるのだ。

守銭奴は、宝を消費せずに溜め込む。そのことで宝を増やそうとする。だが、近代的な資本家は違う。彼は、宝を増やすためには、それを保持するのではなく、むしろ、徹底的に使うことが必要だ、という点を理解している。多く所有するためには、多く使用し、消費しなくてはならない、という逆説を積極的に受け入れたとき、近代的な資本が出現するのだ。資本家は、積極的に投資する。つまり、彼は、どんどん借金をする。そのことで、逆に、彼はますます多くを得る。こうして、最も裕福な人は、最も大きな借金をかかえている、という逆説が出現する。資本主義を特徴づけているのは、極端な所有と極端な消費との間の逆説的な合致である。これは、伝統的な社会の生活様式からの二重の否定の産物だ。第一の否定の結果が守銭奴であり、第二の否定の結果が資本（家）だ。どのような条件がそろったとき、このような二重の否定が実現するのか。この疑問に答えることが、資本主義をめぐる謎を解くことになる。

1　勝俣鎮夫「売買・質入れと所有観念」『日本の社会史4——負担と贈与』岩波書店、一九八六年。たとえば、藤原頼通の邸宅で虹が立ったので、そこで交易を行った、という記録がある。
2　ジョルジョ・アガンベン『瀆神』上村忠男・堤康徳訳、月曜社、二〇〇五年（原著二〇〇五年）、一〇五—一〇六頁。
3　同書、一〇七—一〇八頁。
4　同書、一一二—一一三頁。
5　アガンベンは、西洋における「主権」の概念の起源に、「ホモ・サケル［homo sacer］」なる形象がある、という説を唱えている（『ホモ・サケル——主権権力と剝き出しの生』高桑和巳訳、以文社、二〇〇三年〔原著一九九五年〕）。この「ホモ・サケル」という語に、「サケル」という形容詞の両義性が完璧に現れている。ホモ・サケルは、直訳すれば「聖なる人間」という意味だが、実際には、共同体から排除されたために、誰かが彼を殺しても罪にはならず、かといって、彼を神々に犠牲として捧げることもできない。つまり、ホモ・サケルは、人間の法と神の法の両方から締め出された、呪われた個人である。なお、ホモ・サケルという概念に対するわれわれの見解については、『古代篇』第14章を参照。
6　イスラームの喜捨については、次の文献に基づいている。櫻井秀子『イスラーム金融――贈与と交換、その共存のシステムを解く』新評論、二〇〇八年。特に第4章。
7　中村哲『ダラエ・ヌールへの道――アフガン難民とともに』石風社、一九九三年、二一〇―二一一頁。第8章注10でもふれたが、中村哲は、「ペシャワール会」というNGOを率いて、アフガニスタンで活動している医師である。彼は、もちろん、医療も行っているが、その仕事は、医療活動の範囲をはるかに越えている。たとえば、飲料水が不足している地域では井戸を掘り、旱魃《かんばつ》によって砂漠化した地域では、用水路を開鑿した。中村哲の活動の意義については、『大澤真幸THINKING「O」』創刊号（左右社、二〇一〇年）を参照されたい。また、本文に引いたエピソードとその意味については、山城むつみ氏からの示唆に基づいている。
8　ここで、もう一度、前章で述べたことを思い起こす価値がある。「ムスリムはすべて、『奴隷』である、ただし、神の……」という論点を、である。彼らは誰か人間の奴隷ではありえない。だからこそ、王に対して奴隷的に奉仕する家臣や軍人を、異教徒の中から拉致してこなければならなかったのだ。しかし、結果として、これら家臣や軍人こそが、理想的な「奴隷」になったがために、気づいたときには主／奴の立場が（ときどき）逆転してしまった。なぜなら、イスラーム教の観点では、奴隷であることのほうが正しく、自分を主人だと思っている傲慢さは否定されなくてはならないのだから。
9　小杉泰『イスラームとは何か――その宗教・社会・文化』講談社現代新書、一九九四年、七三頁。
10　そもそも、カトリック等とは違い、「高位の聖職者」という発想が、イスラーム教にはない。
11　ここで中国の皇帝についても述べておこう。皇帝も臣下たちに対面している。彼は南面している（南を向いている）。したがって臣下たちは北を向く。皇帝が南面するのは、北極星を背にするためである。不動の星である北極星は「天」の象徴であり、この配置は、皇帝が天命を受けていることを表現している。皇帝は、自ら天を祭るときだけ、北面する。
12　礼拝が差し向けられているカアバ神殿があるメッカは、ムハンマドの生地であるため、礼拝はまるでムハンマドを崇めているかのように見えるが、そうではない。この点について、黒田壽郎は、次のように説明している。

神は、この経験的な世界に姿を現前させないという意味で、まったく抽象化されているため、ともすれば、非存在と思われかねない。そのような神の存在を実感させるためには、信者の信仰のエネルギーを、経験的な世界の中の一点に収斂させる必要がある。信者が、同時に、同じ一点に向けて礼拝するのは、このようにして、アッラーを再定位して、その存在を確信するためである（黒田壽郎『イスラームの構造――タウヒード・シャリーア・ウンマ』書肆心水、二〇〇四年、一六七―一六八頁）。

13　櫻井秀子の解釈である。前掲書、一八五頁。われわれは、これに従っている。

第11章　イスラームと反資本主義

1　誰も解かなかった謎

どうしてイスラーム圏で、資本主義がまずは生まれなかったのか。資本主義の誕生と成長という点で、イスラーム圏が常に後手に回ってきたのはなぜなのか。野心的な社会学者や歴史学者が真っ先に取り組むべきは、この課題だったはずだ。というのも、イスラーム圏は、資本主義の出産に向けて準備を整え、ほとんど臨月まで来ていたようにさえ見えるからだ。

イスラーム教が発生した場所は、ユーラシア大陸のほぼ中央であり、東西交易にとって、きわめて有利な場所だった。そうした地の利を得て、実際、そこは商業の先進地域であり、遠隔地交易も盛んだった。ムハンマドもまた有能な商人であり、商人のエートスを代表する宗教としてイスラム教が生まれた、と言ってもよいくらいだ。とするならば、イスラーム圏でこそ、逸早く資本主義が生まれるべきだった。だが、そうはならなかったのだ。なぜなのか。この疑問に答えてくれそうな大学者を、われわれは何人かは知っている。宗教社会学のマックス・ヴェーバーや経済人類学のカール・ポランニーが、そうした学者である。しかし、実際には、彼らでさえもこの疑問には答えていない。

この疑問に挑戦したごく少数の研究のひとつ、古典とも言える著作の一つは、マクシム・ロダンソンの『イスラームと資本主義』である。[*1] ロダンソンのこの書は、今日でもしばしば引用される重要な研究だが、疑問に十全な回答を与えたわけではない。むしろ、逆である。ロダンソンの仕事が重要なのは、疑問の輪郭をはっきりさせたから、疑問の深さをよりくっきりと示したからだ。畢竟《ひっきょう》、この書物は、広く信じられている通念、一部の専門家さえも受け入れている通念を、完全に斥けたのだ。その通念とは、イスラーム世界の経済的後進性の原因は、ひとつのイデオロギーとしてとらえたときのイスラーム教に原因があるということは、イスラーム教にある、というものだ。イデオロギーとしてのイスラーム教に原因があるということは、イスラーム教の教義の中に、経済発展にとって何か不利な内容がある、ということである。しかし、ロダンソンは、歴史的事実によって通念は反証される、と論じている。われわれもまた再三、コーラン等に示されたイスラーム教の教義の中には、資本主義や経済発展に有利そうなことはあっても、それらの阻害要因になりそうなことはほとんど見出せない、ということを確認してきた。

とするならば、疑問は、通念が想定しているものよりずっと深いということになるだろう。イスラーム教の教義やシャリーア（イスラーム法）に特に問題がないのだとすれば、それらがむしろ商業の繁栄に貢献さえしていたのだとすれば、どうして、イスラーム圏こそが資本主義の先進地域にならなかったのだろうか。

2　利子ではない利子

イスラーム圏において近代的な資本主義が速やかに生まれ、成長しなかった要因は、利子《リバー》の禁止である。このような説が、俗耳に入りやすく、広く浸透してきた。コーランが徴利を禁じていることは事実である。そして、利子が正当なこととして社会的に承認されていなければ、資本主義が健やかに成長するのは難しかろう、ということは容易に理解できる。*2 とすると、この仮説には、相応の説得力があるように思える。

だが、ロダンソンも強調しているように、利子の禁止に原因をもとめるこの説は、正しくない。この点は、われわれもすでに強調しておいた（第3章）。利子が、宗教的に禁止されていたという点では、西ヨーロッパも同じである。しかし、まさに、その西ヨーロッパでこそ、近代的な資本主義はまずは生まれたのである。徴利の禁忌そのものが、資本主義の誕生や発展を妨げないことは、この事実からしても明らかだ。

それでは、西ヨーロッパでは、もともと禁止されていた利子が、どのようにして許容され、正当化されるようになったのか。その転換の論理については、ジャック・ル＝ゴフの研究等を活用しながら、基本的なことはすでに説明した（『中世篇』第11章）。論理についてはここでは再説は避けるとして、事実過程のみ述べておけば、大略、次のように言うことができる。もちろん、中世やルネサンス期のヨーロッパのまともな金融業者や商人は、徴利の禁止を大いに気にかけていた。教会や教皇とも結びついている彼らが、そんな大罪を犯すわけにはいかない。だが、金融技術の上での工夫によって、彼らは、徴利の禁止の規定に違反することなく、実質的には、利子をとることができたのだ。われわれの観点からは、まさに利子を得ているのだが、形式的には法に抵触している箇所はどこにもない。そのような技術を彼らは編み出した。そうした方法で事実上、利子をとることで、やがて、公然と利子をとることも許されるようになる。これが西ヨーロッパで起きたことである。

初期の金融工学のような技術の発明が、資本主義への道を開いた。……とするならば、事情は、イスラム教のもとでも変わらない。つまり、徴利についての禁則を形式的には遵守し、イスラーム法に反することなく、実質的には、利子（にあたる利益）を得る方法は、イスラーム圏でも考案され、実施されていたのだ。合法的な行為の組み合わせのみによって、事実上は、「違法」とも見える目的を達する方法を、アラビア語では「ヒヤル（奸計）」と呼ぶ。ヒヤルはもちろん禁じられていなかったし、禁じる根拠は、イスラーム法の中にはなかった。商行為においては、特にヒヤルが重要だった。[*3]

リバー（利子）の禁止に抗するヒヤルの中でも最もシンプルなやり方、それだけに事柄の本質を直截に表現している方法については、すでに紹介した（第3章第4節参照）。それは、要するに、相手に金を貸して、返済時に利子をとる、という単純な貸借を、両者の間の独立した二つの売買に分けて遂行する方法である。「貸し手A」が「借り手B」に金を貸すとき、前者が後者から ある商品Gを買った、という形式にする。その後に、「借り手B」の方が、「貸し手A」から同じ商品Gを買い戻す。後の売買における商品の価格を最初の売買時の価格よりも高く設定しておけば、その差額Δgが、実質的には「利子」になる。しかし、形式的には、二回の売買があっただけなので、これは利子にはあたらない、と解釈されるのだ。

このヒヤルは、もちろん、かなり微妙な方法なので、合法であると承認されるためには、いくつかの細かい条件を満たしていなくてはならず、その条件については、イスラームの法学派によって異なった見解をもっているとのことである。が、いずれにせよ、このヒヤルは、イスラームの有力法学派の一つによる発明だったとさえ言われており、イスラーム教は、この種の方法で「利子」をとることを禁じてはいない。

要するに、イスラーム教のもとでも、キリスト教圏と同じように、徴利は公式には禁止されていたとしても、その禁則をかいくぐって、合法的に「利子」をとる方法はあったのだ。今、ここに紹介したヒヤルはあまりにも簡単な方法であり、カトリックのもとでは、同じ方法は採用されていない（つまりもっと手の込んだやり方でなくてはならなかった）。このことを考えると、利子の禁止の規定が「有名無実」化していた程度は、カトリック圏よりもイスラーム圏でより大きかった、とさえ言うことができる。したがって、イスラーム法が利子を禁じていたということが、イスラーム圏で資本主義の誕生を難しくした、という仮説は、斥けられなくてはならない。

＊

現代のイスラーム金融についても、ごく簡単に述べておこう。今日でも、形式的にはイスラーム法に違反せずに（シャリーア・コンプライアンス）、実質的に利子をとる方法は、いくつも開発されている。

一九六三年に出版された、ムハンマド・バーキルッ＝サドルの『無利子銀行論』は、現代イスラーム銀行の業務に、理論的な基盤を与えたと言われている。[*4] この書物には、銀行は、どのようにしたら、「無利子」という形式で、実質的に利子をとったのと同じだけの利益をあげることができるのか、が説明されている。バーキルッ＝サドルが挙げている主要な銀行業務は二つである。主として長期の資金運用に関連する「ムダーラバ契約」、短期資金の需要に対応できる「カルド（借り入れ）契約」が、それぞれ銀行によって媒介される。簡単に言えば、前者は、投資信託のようなものであり、後者は、銀行を媒介にした事業者への融資である。どちらの場合にも、「利子」という名をもたない、実質的な利子が発生する。

たとえば、後者の契約では、融資（カルド）を受けた顧客に、返済時に、利子相当の金額を、一定の期間、銀行に、さらなる「カルド資金」（銀行が別の顧客に融資するための資金）として拠出させる条件が付いている。ここに「一定の期間」という限定が付いているので、この「カルド資金」は、銀行の所有物になったわけではない。もし銀行の所有物になってしまえば、それは、完全に利子である。顧客としては、その期間を過ぎれば、払い戻し請求権を行使して、カルド資金を回収することもできる。が、通例では、顧客は、この請求権を放棄して、カルド資金分を銀行に贈与してしまう。[*5] かくして、返済時に、期限付きで拠出された、余分な「カルド資金」は、事実上の利子となる。

イスラームの債券（スクーク）は、独特の仕方で発行される。一方に、債券の発行者A（たとえばイスラーム系の政府）がいる。他方に、その債券を購入する者B（たとえば投資家）がいる。普通の債券のケースであれば、Aは、Bに債券を直接売り、以降、Bに、利子の分を支払えばよいのだが、それでは、利子を禁止するシャリーアに違反したことになってしまう。そこで、スクークを発行するときには、AとBの間に媒介者M（投資会社のようなもの）が入る。形式的には、AではなくMが債券《スクーク》を発行するのだ。なぜ、こんなめんどうなことをするのか。

まず、AとMの間の交換が前提条件となる。AとMの間で、たとえば先に紹介した（最もシンプルな）ヒヤルのような、独特の金融技術を用いた取引が行われる。つまり、ここで「形式的には徴利禁止の規定を遵守しているが、実質的には利子が発生している」という状態が実現しているのだ。その利子の分は、Mが所有することになる。その上で、Mが債券を発行し、それをBが購入する。その債券に対してMがBに支払うのだが、そのときには、まったく利子がつかない。しかし、すでにMがAから利子に相当する分を受け取っているので、つまり、Mが発行する債券の金額には利子相当分も加算されているので、Bもまた、実質的には、Aから「利子」を支払ってもらったことになるのだ。まとめると、「A⇅M⇅B」という取引で、前半の「A⇅M」で実質的な「利子」が発生し、「M⇅B」の局面では利子なしの等価交換になっているのである。[*6]

＊

このように、イスラーム法が利子を禁じていても、実質的には、利子をとることは可能であり、実際、そのような金融取引がなされてきた。したがって、繰り返せば、イスラーム法に利子を禁ずる規定があっても、そのことが、直接、資本主義の発生を妨げたとは思えない。

だが、同時に、以上のようにごく簡単にイスラームの金融技術を概観しただけでも、本来の利子、われわれが慣れ親しんでいる利子とは、「何か」が根本的に違う、という印象をもつのではないか。何が違うのか。もう一度、先に紹介した、最もシンプルなヒヤルのことを考えてみるとよい。A（貸し手）がB（借り手）に直接に、金を貸して、利子の分まで返済させるわけにはいかない。そこで、商品Gが、AとBの間で二回、売買されるようにする。Gは、最初は「B→A」（①）と売られ、次に「A→B」（②）と売られる。

この操作を利子の徴収にはあたらないと見なすための鍵は、二つある。第一に、①の売買と②の売買を完全に独立の取引だと解釈しなくてはならない。一般には、利子についてわれわれが語るときには、たとえば、キリスト教徒が「利子は神のものである時間を奪うことだ」と主張するときには、時間を通じての同一性こそが前提である。異なる時点の二つの売買を切り離す、イスラームのヒヤルは、利子に対する通常の態度とは背反している。

第二に、この取引から商品Gを省略してしまえば、つまり貨幣のみのやり取りにしてしまえば、単純な、利子付きの貸借に転換してしまうということに留意すべきだ。言い換えれば、商品Gという事物とのつながり、貨幣とは異なる外的な実体Gとの直接の関係は、取引が徴利へと変質しないための命綱のようなものである。

3　国庫からの窃盗は窃盗にあらず

ともあれ、利子についての禁則が、資本主義の誕生を阻む要因ではなかったとするならば、イスラームの何が障害になったのだろうか。管見の限りでは、この問題の真実に最も近くまで迫った論考は、林智信による、「イスラームの倫理と反資本主義の精神」というウィットの効いたタイトルの論文である。[*7] この論文を参照しながら、まずは行けるところまで行ってみよう。

林によれば、イスラーム圏で資本主義が誕生しにくかった最大の要因は、擬制的法人格が認められていない、ということにある。法人の存在を認めないということは、イスラーム法の根本規定のひとつである。少なくとも、西洋諸国によって植民地化されるまでのイスラーム社会では、法人のようなものが存在していたことを示すいかなる記録も見出しえない。[*8] イスラーム法を忠実に守ろうとすると、法人（会社）を作ることができないのだ。確かに、これでは、資本主義にとっては都合が悪いだろう。

だが、これは奇妙なことではないか。イスラーム教が法人格に強い拒否反応を示している、ということが、である。イスラーム教は、他の唯一神教（ユダヤ教、キリスト教）と同様に、「（神との）契約」という観念をもっている。そのため、契約の手法については、早くから発達していた。多様なタイプの協業契約が用いられているということが、イスラーム商業の特徴である。

ここで、「法人」なるものが、何のために導入されるのかを考えてみるとよい。法人が設定されるととりわけ好都合なのは、集団契約のときであろう。法人がなければ、われわれは、集団契約に際して、集団の全メンバーと契約を結ばなくてはならない。集団のメンバーは不断に入れ替わるし、ときには死亡する者もいたりする。法人という概念がないとすれば、このようなときに、その度に契約を更新しなくてはならなくなる。これは、あまりに煩雑なことであろう。集団の規模が大きければ大きいほど、その集団を相手にした契約の煩雑さは増してくる。「法人」なしでは、長期的で安定的な集団契約は不可能だ。

とするならば、契約という手法の重要度や普及度が高い社会では、擬制的法人格の必要性が大きくなるはずだ。ところが、イスラーム社会では、非常に多様な契約が駆使され、浸透していたのに、法人という観念は、強く拒絶されたのである。法人が最も必要だったその場所で、法人は否認されたのだ。というより――林が示唆しているように――、逆に、法人という概念がないために、複雑で多様な協業契約が必要になった、と考えねばならないのだろう。だが、なぜイスラーム社会は、法人という概念を受け入れられなかったのだろうか。

イスラーム社会には、「四代目の法則」と呼ばれる経験則があるという。四代目の法則とは、有力な商人家系の繁栄は四代以上続かない、という法則である。このような法則がおおむね成り立ってしまう原因のひとつは、法人格の不在にある。ある商人が成功し、大きな資産を形成したとする。法人がない以上は、その資産は、結局、商家の中の具体的な諸個人に帰属しているはずだ。ところで、「売り家と唐様で書く三代目」という日本の川柳にも示されているように、商才に長《た》けた相続者が三代も四代も続けて出てくる蓋然性は非常に低い。結局、どんな巨大な資産も、四代目の頃には、使い尽くされ、霧消してしまう、というわけである。だが、もし資産が個人ではなく、法人に所属していれば、そう簡単には消えなかったはずだ。資産はどの個人にも属していないのだから、仮に三代目か四代目に無能な者がいたとしても、勝手に資産を使うことはできないからである。

イスラーム教徒の法人格の拒否が、いかに徹底していたかを示す事実として、林は、ウラマー（学者）たちの、「国庫」の法的地位をめぐる論争を紹介している。[*9] 争点は、「国庫からの窃盗にハッド刑（コーランやハディースに根拠をもつ固定刑）を科すべきか否か」である。窃盗に対するハッド刑は、手首や足首の切断である。問題は、国庫からの窃盗も通常の窃盗の一種として扱うことができるか、である。われわれの感覚では、国庫からの窃盗、つまり最悪の公金横領は、普通の窃盗と同列に扱うことができない重罪なので、もっと厳しい刑を科すべきだ、ということが問題になっているように思える。だが、そうではないのだ。むしろ、国庫からの窃盗は、普通の窃盗よりも罪が軽いのではないか、と考えられたのである。

どうしてなのか。国庫はウンマ（ムスリム共同体）の共有財産だから、である。ウンマには、理念上は、すべてのムスリムが含まれる。ということは、当然、窃盗犯もまた、ウンマの一員である。したがって、窃盗犯とされている人物は、自分自身もそれについての所有権の一端を主張できる資産を取った、ということになる。自分の家の冷蔵庫から盗み食いをしたようなものだ。つまり、国庫からの窃盗は、自分（たち）のものを取ったのだから、完全な窃盗ではない、というわけである。

ここでわれわれが理解すべきことは、国庫やウンマが、具体的なムスリム諸個人からは独立した法人として定義されていれば、このような判断にはならない、という点である。もし国庫が法人ならば、国庫からの盗みは、明らかに、通常の窃盗と同じように「他人の物を奪った」ということになる。国庫からの窃盗は窃盗ではない、という見方があったのは、ムスリムたちが、法人を認めることを断固として拒否したからである。

＊

それにしても――もう一度問おう――どうして、イスラーム教は擬制的法人格にかくも強く反発したのだろうか。先に述べたように、ムスリムたちが、協業したり、結社を作ったりすることに対して否定的だったわけではない。特に商取引の世界では、契約に基づくさまざまな協業の形態があったのだ。それゆえ、法人さえ認めれば、すべてが速やかに進んだはずではないか。どうして、法人を徹底して拒否したのか。

ウラマーたちは、こう説明する。法的に正式に承認される主体は、すべて神との契約で定められている宗教的な義務を遂行できるものでなくてはならない、と。宗教的な義務とは、「五行」のことである（第2章第4節参照）。たとえば、いずれかの会社を法人として正式に認定したとして、それは、日に五回の礼拝はできるのか、メッカへの巡礼はできるのか。もちろん、できない。とすれば、法人などというものは認められない。これがムスリムの了解である。

なるほどそうだったのか、と思わせる説明だが、われわれとしては、これで納得するわけにはいかない。林も指摘しているように、それならばどうして、キリスト教のもとでは法人なる概念が発明され、それが広く使用されたのか、ということが疑問となる。同じように神との契約を根幹にもつ宗教なのに、キリスト教徒は、神と契約できる者のみが正式な法的主体だという限定にこだわらなかった。確かに、キリスト教には五行のような明確な義務はない。しかし、法人は祈ることもできないし、告解もできないし、巡礼にも行けない。最後の審判のときに、法人はどこにいるのか。このような問題が残るにもかかわらず、キリスト教徒は法人なるものを考案し、これを活用した。どうしてだろうか。どうして、イスラーム教とキリスト教との間に、このような違いが出たのだろうか。

だが、ウラマーたちの説明は、われわれにひとつのことを気づかせてもくれる。よく見れば、キリスト教徒のやり方よりも、イスラーム教徒の方が首尾一貫しており、徹底しているではないか。「法人」なるものの宗教的な位置づけはきわめてあいまいである。それは、神の国に入ることができるのか、できないのか。謎は、イスラーム教の方にではなく、キリスト教の方にあるのだ。

4 「アッラーの御心ならば」

したがって、真の解決は近世のキリスト教世界を論ずる中で、はかられなくてはならない。ここでは、イスラーム教の論理にそって、もう少し考察を前に進めておこう。

林智信は、イスラーム教が法人の概念を拒絶した原因の一つを、「永続性」という観念への抵抗に求めている。法人の本質的な特徴は、永続すること、時間に内在しつつ持続することである。ある組織が法人だったとする。この場合、その組織のリーダーが交替しても、またメンバーが全員、入れ替わっても、法人としての同一性は持続する。永続的承継は、法人のまさに法人たる所以となる条件だ。

しかし、永続性の観念は、イスラーム教の時間の感覚とは両立しがたい。時間的に永続する実体の存在は、イスラーム教の観点からは認められないのだ。井筒俊彦は、イスラーム教の源泉となったアラブ社会の歴史観について、「本来のアラブ的歴史観では時間はあくまで非連続であって、連続ではない」[*10]と述べている。この歴史観は、イスラム教の教義にも、とりわけその多数派であるスンナ派の教義に、そのまま受け継がれている。このような歴史観や時間意識は、絶対者である神への絶対的な帰依を説くイスラーム教と親和性が高いからだ。イスラーム教の理念からすれば、歴史・時間の一瞬一瞬が、神の創造の産物である。人間の業によって、あるいは被造物の営みによって、時間や歴史を創造することはできない。人間が、この地上に、永続する物を創造することは不可能であり、許されないのだ。イスラーム教の教義を忠実に理解すれば、時間の一瞬一瞬を神が創造しているのだから、原理的には、時間や歴史は非連続だということになる。ここで、第2節で解説した、実質的な徴利のためのヒヤルのことを思い起こしてもよいだろう。あのヒヤルが合法的なものと見なされるためには、異なる時点に属する二つの売買が「別々のこと」として解釈されなくてはならない。両者を統一的な持続の中でセットにして解釈してはならないのだ。こうした了解は、時間の一瞬一瞬を切り離す、イスラム的な時間の感覚に適合的であろう。

イスラームの悪名高き常套句に「もしアッラーの御心ならば in shā'a Allāh」がある。この句は、「なるようになるさ」というような意味で、ムスリムの無責任さやいい加減さを示しているものとして、しばしば紹介される。たとえば、「明日の同じ時刻にこのカフェで会おう」と約束すると、相手は、「(その約束が)もしアッラーの御心ならば」と答える。これを、非ムスリムは、「本気で約束を守る気がない」と受け取る。だが、イスラーム教の本来の文脈に差し戻して解釈すれば、この常套句は、決していい加減さの表現ではない。逆である。約束が果たされるべき未来の時点も、神が創造する。つまり、それは神に属しているのだ。それゆえ、「私は何が何でも絶対に明日ここに来ます」と請け合うことは、神の領分に属することを勝手に私が決めていることになり、著しい冒瀆になるのだ。*11

永続性の観念は、イスラーム教とは両立しない。それゆえ、ムスリムは、（永続性を前提とする）法人の概念に対しても、無意識のうちに抵抗することになるのだ。イスラーム教のもとで資本主義が発展しにくかった原因も、ここにある。法人という仕組みを縦横無尽に活用できなければ、資本主義は成長できない。これが、林智信の論文の結論である。

深い見解である。しかし、まだ謎は解けてはいない。キリスト教と対比してみれば、そのことはすぐにわかる。イスラーム教の時間の感覚について論じたことは、すべて、同じ唯一神教であるキリスト教にもあてはまる。だが、前者は法人を拒否し、後者は積極的に活用した。どうして、このような違いが出たのだろうか。

「もしアッラーの御心ならば」という常套句との関係で、林自身が引用している、コーランと新約聖書の節の対比が興味深い。「もしアッラーの御心ならば」という表現は、コーランの規定に根拠をもっている。次が、その根拠となる一節である。

何事によらず、「わしは明日これこれのことをする」と言いっ放しにしてはならない。必ず「もしアッラーの御心ならば」と（つけ加える）ように。[*12]

（コーラン一八章二三節）

ところで、新約聖書の「ヤコブの手紙」にも次のように書かれている。

よく聞きなさい。「今日か明日、これこれの町へ行って一年間滞在し、商売をして金もうけをしよう」と言う人たち、あなたがたには自分の命がどうなるか、明日のことは分からないのです。あなたがたは、わずかの間現れて、やがて消えて行く霧にすぎません。むしろ、あなたがたは、「主の御心であれば、生き永らえて、あのことやこのことをしよう」と言うべきです。

（「ヤコブの手紙」四章一三—一五節）

この「ヤコブの手紙」に書かれていることは、コーランにあったこととまったく同一の趣旨である。それならば、どうして、イスラーム教によって徹底的に拒否された、永続性の観念を前提とする「法人」が、キリスト教のもとでは積極的に考案され、受け入れられたのか。ふしぎなことである。

5　母のあらかじめの赦し

それゆえ、われわれとしては、ここでイスラーム圏についての考察を終え、視線を再び、キリスト教文明の方へと転じなくてはならない。だが、その前に、接続のために、今回の考察をもう少しだけ延長しておこう。

イスラーム教もキリスト教も、その本来の設定からすれば、時間に内在する永続性という観念を受け入れることはできない。その根本的な理由は、時間が神の創造に基づいていることにある。時間には、始まりと終わりがあるのだ。始まりは、もちろん、天地創造のときであり、終わりは、最後の審判のときである。時間は有限で、短い。どちらの宗教にとっても、そのように感覚されているはずだ。最も長く持続するものでも、この始まりから終わりまでの時間幅を越えることはできない。

この根本的な条件に立ち戻ったとき、われわれは、キリスト教の方には、とてつもないひねりが入っていることに気づく。ある意味で、最後のときはすでに到来してしまっているのだ。その人は、つまりメシアは、もう来てしまっている。のみならず、その人は、われわれ全員の罪をすでに贖ってくれているのだ。だが、これは、本来であれば、最後の審判のときに起きるべきことではないか。もちろん、キリスト教徒の考えでは、キリストはもう一度、ほんとうの最後の日にやって来る、ということになっている。だが、そうだとしても、最後の日に起きるべき決定的な出来事が、すでに（一度）起きてしまっている、という奇妙な構成は変わらない。歴史の終わりの瞬間の出来事、本来的に未来に属することが、すでに過去のこととして生起してしまっている。宇宙の終わり自体を時間の中に組み込む、このような時間の感覚は、社会に、人間の精神にどのような影響をもたらすのか。これをわれわれは見定めなくてはなるまい。

*

ひとつの暗示を、ある有名な映画から引き出すことができる。有名な映画とは、『愛と追憶の日々Terms of Endearment』（ジェームズ・ブルックス監督、一九八三年）である。この映画は、母オーロラ（シャーリー・マクレーン）と娘エマ（デブラ・ウィンガー）との間のおよそ三十年間の愛と葛藤の日々を描いている。映画はエマが生まれたところから始まり、エマが癌で早世したところで終わる。母親の方が長く生きたのである。通俗的と言えば通俗的な、メロドラマである。

この映画の実質的なラストにあたるのは、以下のようなシーンである。エマは、癌で病院のベッドにいる。彼女には三人の子どもがいるのだが、そのうちの上の二人の男の子を、彼女はベッドの脇に呼んだ。死が迫っていることを覚《さと》ったエマが、息子たちに最後の言葉を遺すためである。このシーンで特に重要なのは、彼女が、長男のトミーに語ったことである。トミーは、「反抗期」で、母親のことを嫌っている。父親（エマの夫）と母親とがうまくいかなかったのは、母親のせいだと考え、彼女を軽蔑しているのだ。そのトミーに対して、エマは次のような趣旨のことを言う。「お母さんは、お前がほんとうはお母さんを愛していることを知っている。お母さんもお前を愛している。お母さんが死んだ後で、お前は、お母さんのことを、お母さんにやってもらったこと、お母さんと楽しんだことを思い出すに違いない。（つまり、お母さんが死んだあとに、お前は、お母さんを愛していた、ということに初めて気づくに違いない）。そのとき、お前は、かつてお母さんを憎んだ（ふりをしていた）ことを後悔し、そのことに罪の意識をもつだろう。だから、お母さんは、今のうちにお前を赦しておく。お前を罪からあらかじめ解放しておくために」。

なぜ、この映画の話題が、突然、この文脈に入るのか。このエマによるトミーの赦しを、キリストによる人類への赦し（贖罪）の隠喩として解釈することができるからである。

この映画は、次のような構造をもっている。物語の主軸をなしているのは、オーロラ（母）とエマ（娘）の関係である。この二人の関係とエマ（母）とトミー（息子）の関係は、類比的である。つまり、

オーロラ：エマ＝エマ：トミー

という等式が成り立っているのだ。

エマとオーロラの間には、三十年の間にいろいろなことがあった。ひどい喧嘩もしたし、憎み合ったりもした。だが、エマは、今になってはっきりと自覚したのである。自分が母親のオーロラを愛していたということを。そしてオーロラも彼女を愛してくれていたということを。エマは、今、かつて母親に逆らったり、母親を傷つけたりしたことを後悔し、それらの罪をすべて償いつつ死のうとしている。

彼女は、トミーも自分と同じだということを知っている。トミーが、母親（エマ）をほんとうは愛していて、そのことに気づいたとき、同時に母親に対する過去のひどい仕打ちに深い罪の意識を抱くだろう、ということをエマは、この段階ですでに知っているのである。しかし、エマのケースとトミーのケースでは、決定的に異なることがひとつある。エマが死ぬとき、あるいはエマが罪を自覚したとき、彼女が謝罪すべき相手、彼女を赦してくれる主体は、まだ生きている。しかし、トミーが自分の罪を知ったとき、彼を赦してくれるはずの主体（エマ）はもういない。だから、エマは、あらかじめトミーを赦すのだ。トミーの人生の終わりに受け取るべき赦しを、エマは、現在の段階で彼に与えているのである。

この映画を観終わったとき、われわれオーディエンスは、背筋に冷たいものが走るのを感じ、

軽く身震いする。映画には描かれていない、トミーの将来のことを思ってしまうからである。実際に、トミーは、母親が死んでから何年かが経過したとき、自分が母親を愛していたのだ、と思うようになるだろう。そのとき、彼は、「お母さんがもうぼくを赦してくれているのだから、ぼくは助かった」と思うだろうか。彼は、ほんとうに罪から解放されるだろうか。そんなことは絶対にない！　お母さんが赦してくれていたということを思うと、ますます、彼の罪の意識は深まるはずである。彼は、すでに赦されており、それゆえ、彼の罪はすでに終わっている。まさにそれゆえに、彼の罪は永続化し、彼の母親への負債の感覚は決して消えないものになるのだ。その負債は、返しても返しても（つまり天国の母に謝ったり、母が喜んでくれそうなことをいくら積み重ねても）完全に返済されることはないだろう。

ここにはひとつの逆説がある。それは、有限の時間の終わりが先取りされてしまったとき、時間がかえって永続化するという反転である。もう終わっているがゆえに、決して終わらないのだ。これと同じ形式の反転が、キリスト教世界の歴史に起きたのだとしたら、どうであろうか。

1　マクシム・ロダンソン『イスラームと資本主義』山内昶訳、岩波書店、一九七八年（原著一九六六年）。

2　念のために記しておけば、これは利子が高いか低いかという問題とは独立である。仮にゼロ金利であったとしても、利子というカテゴリーが正当な報酬と見なされているならば、資本主義はとりあえず安泰である。逆に、高利貸がたくさんいても、それが、不当な仕事、望ましくない業種、影の経済と見なされている限りは、資本主義は生まれにくい。

3　ヒヤルについては、次の研究を参照。Joseph F. Schacht, *An Introduction to Islamic Law*, Oxford: Clarendon

Press, 1964. Abraham L. Udovitch, *Partnership and Profit in Medieval Islam*, Princeton: Princeton University Press, 1970.

4　ムハンマド・バーキルッ＝サドル『無利子銀行論』黒田壽郎・岩井聡訳、未知谷、一九九四年。

5　顧客は、なぜ、取り戻すことも可能なカルド資金を贈与してしまうのか。請求権を行使して、拠出したカルド資金を回収すれば、その顧客は、（相互扶助の精神を欠いた、あまり信用できない人物とみなされて）以降、銀行から融資が受けられなくなるからである。

6　AとBとの間にMを挟み、AとMとの関係を通じて、いわば「資金洗浄《マネーロンダリング》」しているのである。

7　林智信「イスラームの倫理と反資本主義の精神」『思想』二〇〇五年六月号。

8　Imran Ahsan Khan Nyazee, *Islamic Law of Business Organization: Corporations*, Islamabad: The International Institute of Islamic Thought and The Islamic Research Institute Press, 1998.

9　*Ibid.*

10　井筒俊彦『イスラーム文化』岩波書店、一九八一年、六八頁。

11　片倉もとこは、次のように書いている。「近代西欧のものさしからもたいへん信頼できるといわれる科学者などでも、かれがムスリムならば未来にかかわることをいうときには当然のこととしてイン・シャー・アッラーが入ってくる」（『イスラームの日常世界』岩波書店、一九九一年、一七一頁）。

12　『コーラン』中、井筒俊彦訳、岩波文庫、一九六四年。

初出「群像」二〇一三年一〇月号〜二〇一四年九月号
（二〇一四年一月号をのぞく）

大澤真幸（おおさわ・まさち）
1958年、長野県生まれ。東京大学大学院社会学研究科博士課程修了。社会学博士。思想誌『THINKING「O」』主宰。2007年『ナショナリズムの由来』で毎日出版文化賞を受賞。ほかの著書に『不可能性の時代』『社会は絶えず夢を見ている』『近代日本のナショナリズム』『夢よりも深い覚醒へ』『思考術』『自由という牢獄』など多数。共著に『ふしぎなキリスト教』『おどろきの中国』『ゆかいな仏教』などがある。

〈世《せ》界《かい》史《し》〉の哲《てつ》学《がく》　イスラーム篇《へん》
二〇一五年四月八日　第一刷発行

著者　大澤《おおさわ》真《ま》幸《さち》
発行者　鈴木　哲
発行所　株式会社講談社
〒一一二―八〇〇一　東京都文京区音羽二―一二―二一
出版部　〇三―五三九五―三五〇四
販売部　〇三―五三九五―三六二二
業務部　〇三―五三九五―三六一五

印刷所　凸版印刷株式会社
製本所　大口製本印刷株式会社

ISBN978-4-06-219448-8　Printed in Japan